JN091726

初めてでもできる

社会調査・ アンケート調査と データ解析

第3版

社会調査士カリキュラムA〜DおよびEに対応

安藤明之

日本評論社

は じ め に

　新聞やテレビなどのマスメディアが提供する情報の多くは社会のある一面であり、限られた断片です。それにより、私たちは与えられた情報に対する「印象」を得たにすぎません。私たちは多くの情報を得て、それらをもとに評価や判断を行いますが、それらの情報の束は単なる「印象」ではなく「事実」でなくてはなりません。その「事実」に近づけてくれるのが、社会調査でありアンケート調査です。

　調査は、「社会の体温計」といわれることがあります。しっかりした情報で社会の現状をとらえないと、企業・行政・大学・NPO（Non-Profit Organization：民間非営利団体）などの組織は進むべき方向を誤ることになりかねません。

　また、現代の日本は、情報社会となり、すでに溢れるばかりの調査情報が毎日のように私たちに提供されています。しかし、調査結果と名づけられた情報は、十分なデータを基礎としていなかったり、適切な方向性をもっていなかったり、あるいはあらかじめある意図をもった、歪んだ情報であることも決して少なくありません。社会調査としてのアンケート調査を基礎から理解することは、こうした調査結果が適切なデータをもとにしているか、調査は歪んでいないかなど、それを判断する視点と基準を得ることにもなります。一個人としても世の中に氾濫する調査結果を読み取る力がないと、うまい話に騙されることになりがちです。適切に実施された社会調査としてのアンケート調査は、社会のありようを知るための有力な手段であり、社会の真の姿に接近するための技法の1つでもあります。

　また、本書では「データ解析」についても取り上げています。さまざまな解析手法について、基本概念とどのようなときに使用されるものなのかについて説明したうえで、具体的な事例を数多くあげて、データ解析の実際をわかりやすく解説しています。

とくに、データ解析では統計学を利用するので数式を多用しますが、本書では、一般的に統計などで使用する特別の記号は使用しないで、ふつうの計算式だけで結果が得られるようにしています。数学や統計学がわからなければアンケート調査のデータ解析は行うことができないと思われているようですが、本書では、ふつうの計算式だけを利用することで理解できるように工夫しています。

　なお、本書は、社会調査士資格認定機構の標準カリキュラムＡ〜ＤおよびＥに対応しています。社会調査士をめざす人は、ぜひ本書を活用していただきたいと思います。

　本書によって、社会調査やアンケート調査、そしてさまざまなデータ解析の手法について理解を深め、社会の真の姿を知るための有効な手段としていただけることを願ってやみません。

　最後になりましたが、本書の出版にあたってご尽力いただいた串崎浩氏に心から感謝する次第です。

　なお、第2版刊行から7年以上経過したため、データなどを刷新し、第3版としました。

　　2021 年 1 月

安藤　明之

第2編 データ解析に挑戦

第1編

社会調査・アンケート調査の進め方

第1章　アンケート調査は社会調査の１つ

　アンケート調査は、社会調査の１つです。そこで、この章では社会調査の概要を取り上げます。まずは、社会調査の重要性と社会調査におけるアンケート調査の意味について理解してください。

1 社会事象を理解するための社会調査

　私たちが存在している社会は、多様な人たちがさまざまに生活をしていて、非定形で複雑であり、容易には把握できないように思えます。ましてや「社会事象」と一言でいわれる社会の成り行きや様子は、一見混沌としていてとても説明することができないと考えるのがふつうです。たとえば、社会事象の一端を示す新聞には、青少年の犯罪、政治家の不正、国際問題、景気の動向、教育問題、家族関係の変化など、社会で起こっている出来事が記事という形で凝縮されて示されています。私たちは新聞を読むことによって現在の社会事象の断片を知り、日常生活を営んでいます。現在の社会事象について新聞などで読むと私たちはわかった気になって、それを職場や家庭で話題にすることがありますが、もちろんこの程度であればとくに問題は生じません。しかし、ある社会事象を深く正確に理解して、それを根拠に何らかの重要な意思決定をする必要があるとすれば、新聞程度の情報ではとうてい足らないであろうと考えられます。新聞などのマスメディアが提供する情報の多くは、社会事象のごく一部の限られた断片ですので、それをもって重要な意思決定をするには危険があるからです。

　社会調査は、このように複雑で一見混沌とした社会事象を理解する

ための基本的で最も有効な手段です。

2 なぜ社会調査を行うのか

　私たちは、多くの人たちや社会の状況と何らかの関わりをもって存在しているわけですから、外部と一切関係をもたないで行動することは不可能です。私たちは行動しようとするとき、まず他人の考え方や社会の状況を知ろうと努めるのがふつうです。たとえば、洋服を購入するのであれば、現在の流行の状況、サイズ、購入する店舗などの情報を調べたり、家族・知人の意見を求めたりします。このように、何らかの行動をしたいときには「情報を収集し、状況を知る」という行為が重要な役割をもちます。これが調査の最も基本的な意味です。

3 社会調査は何を対象としているか

　調査では、アンケートと呼ばれる質問用紙を用いたアンケート調査が広く利用されていますので、調査といえば、アンケート用紙に回答を記入してもらい、その結果をパーセントで示すというように考えることが多いようです。しかし、調査には、アンケート調査だけでなくさまざまな方法があります。また、調査によって収集しようとする情報は、小規模なものから国勢調査のように大規模であり、組織的で定型化したものまでさまざまです。このような調査は、**社会調査**（social research）といい、社会のありかたを把握しようとするもので、次のように定義することができます。

"社会事象について情報を収集し、状況を知るためのプロセス"

　ただし、ここでいう社会事象は社会で起こっているすべての事象を指すわけではなく、社会調査が対象をする社会事象は、次の事項を満

たすものでなければなりません。

---
①人に関すること（人以外は対象外）
②集団に関すること（集団的な行為や状態）
③繰り返されること（反復して出現する事柄）

　したがって、集団で生活するゾウの生態調査や 1 人の人間の特別な行動の調査、あるいは 1 回に限って出現するような事柄は、それがどんなに社会に対してインパクトが大きくても社会問題とはいわないし、社会調査の対象ともなりません。

4 社会科学としての社会調査

　社会科学（social sciences）は、人間の現実的な活動がもたらす社会現象を研究対象とする学問で、政治学、法律学、経済学、社会学、歴史学、教育学、民族学などの社会に関する科学的研究を指します。社会調査は、これらのうち、社会学のなかに位置づけられています。社会調査は、こうした社会科学の 1 つですが、初めから学術的な目的のために成立したわけではありません。むしろ大規模化、複雑化する社会の変化に対応するため、それぞれの時代における社会事象を科学的に理解する道具として工夫され利用されてきたものです。社会学は、体系のなかにこのような社会調査を取り込むことで、社会科学の一分野として発展してきたということもできます。

5 社会調査のルーツ

　古くは聖書に「そのころ、全世界の人口調査をせよとの勅令が、皇帝アウグストから出た」「人々はみな登録のために、それぞれ自分の町へ帰って行った」（ルカ書 2 章 1 節・3 節）とあるように、皇帝が

人口調査をするため、その命令によって、人々は今まで住んでいた町を離れて本籍地に移動しました。このように、社会調査のルーツは皇帝や王による人口調査です。社会調査は、こうした権力の道具として用いられてきたわけですが、調査される側である民衆にとってはとても迷惑なものであったと推測されます。

　現代における社会調査のルーツとしては、主に次の3つがあります。

（1）行政調査

　現在では、国勢調査が行政調査の代表です。古代の皇帝や王などの独裁者は、権力者としての力の顕示のため、人口調査を行っていました。権力者にとって、民衆について量的に把握することは税金の徴収や徴兵などのためにも必要なことでありました。強力な権力者であればあるほど、これを厳格に、かつ、精密に行いました。

（2）社会踏査

　18世紀から19世紀にイギリスを中心とするヨーロッパで行われた調査は、**社会踏査**（social survey）といわれていました。当時の大英帝国の首都ロンドンは繁栄を極めていましたが、一方では多数の民衆が平等や繁栄とは名ばかりの大きな貧富の差のなかで貧困に喘いでいました。このときチャールズ・ブース（Charles J. Booth：1840〜1916）は、貧困をいかにしたら改善できるかを考えるために、まず都市貧民の窮状を客観的に明らかにするために社会踏査を行いました。この調査は、1つの地域などに入り込み、調査票だけではなく、各種の観察法や聞き取り調査なども併用して、さまざまな側面から包括的に、精密に調べるものでした。ブースはこうした社会調査によって曖昧であった「貧困」を現実のものとして把握し、定義づけ、はじめて「貧乏」を社会的な問題として検討することを可能にしました。ブー

スによる調査結果ではロンドン市民の約30%が貧困またはそれ以下であり、社会問題として貧困対策の必要性が明確となり、大英帝国の政治を変える力となりました。ブースによる社会踏査は、その後の社会調査のひな形として大きな影響を与えることになりました。〔→章末の「コラム・社会踏査という言葉」参照〕

（3）世論調査・市場調査

19世紀末にはアメリカでの選挙予測のための**世論調査**（public opinion polls）が行われました。アメリカではヨーロッパと異なって封建制度がなく、民衆は移民として人種的にも文化的にもさまざまで、意見や態度も多様でした。そのため、民衆の意思を知ることはとても重要なことで、早くから世論調査を必要としていました。

20世紀に入ると資本主義が発達し、大衆社会や消費社会という新しい時代の流れのなかで、消費者の動向を知るための**市場調査**（marketing research）が行われるようになりました。

市場調査は、商品やサービスなどの生産者や販売者が、市場、商品、販売、流通、広告、消費者などに関するデータを収集・分析して効果的な販売戦略を立案し、企業の利益を増大させようとするものです。

6 社会調査と実証主義との関係

社会調査は、すでに述べたように社会学の1つの手法として生み出されたのではなく、むしろ別の分野で独自に発展してきました。それが社会学の一部として研究の基本的な方法となったのは、社会学の生みの親ともいえるオーギュスト・コント（Auguste Comte：1798〜1857）以来のことです。コントは、**実証主義**（positivism）を根底とする実証科学（positive science）として社会学を位置づけてきまし

た。実証主義は、基本的に社会事象を神の意思や特別な理性などの超越的な概念ではなく、観察され認識された客観的事実によってのみ説明されるべきであるという考えに基づくものです。実証主義については、コントがその師アンリ・ド・サン゠シモン（Saint-Simon：1760 〜 1825）から受け継ぎ、さらにエミール・デュルケーム（É. Durkheim：1858 〜 1917）によって社会学として体系づけられました。

7　日本の社会調査史をひもとく

　古くは、平安時代半ばの 10 世紀ごろまで続いた律令国家では、口分田といって満 6 歳以上のすべての人民に田が割り当てられていました。このために行われた農地の測量や調査も現在の社会調査の一種と考えられています。また、1582 〜 1598 年に豊臣秀吉が全国で行った、いわゆる太閤検地も国家規模の社会調査と考えられます。とくにこの時に升の大きさや 1 間の長さなどの度量衡に、統一した基準を用い、標準化にも貢献しました。

　近代的社会調査は、イギリスの宗教家で貧民への伝導と救済に努め救世軍を創立したウィリアム・ブース（William Booth：1829 〜 1912）による影響を受けた 1800 年代末から始まりました。はじめは、近代化が進むなかでの横山源之助（1871 〜 1915）の貧困調査による『日本之下層社会』（1899 年刊行）であり、戸田貞三（1887 〜 1955）の「社会調査」（1933 年刊行）でありました。しかし、第二次世界大戦以前は理論が中心で、現実を実証的に体系的にとらえようとする社会調査はまだ発展しませんでした。

　戦後になるとアメリカの社会学の影響を強く受けるようになるとともに、政府や新聞社などによる世論調査が多く行われるようになり、調査法が急速に発展・浸透しました。

8　社会調査にはどのような背景があるか

　現在、社会調査は、社会学のなかにありますが、社会調査の歴史から見ても、社会学とは別のところで独自に発展してきました。社会学（sociology）の生みの親であるオーギュスト・コント以来、社会事象は神の意思などという超感性的実在を認めないで、認識の一切の対象を経験的事実によって説明するべきであるという実証主義の考え方が主流になってきました。その考え方が現実社会を観察し、認識するための技法である社会調査と社会学とを結びつけることになったのです。

研 究 問 題

1．社会調査の歴史を踏まえ、社会調査の必要性をまとめてみましょう。
2．社会調査史上に残る次の人の研究内容を調べてみましょう。
　(1)　ベンジャミン・シーボーム・ロウントリー（1871 ～ 1954）
　(2)　エミール・デュルケーム（1858 ～ 1917）

コラム　社会踏査という言葉

　社会踏査は、本来、困窮者や罹災者などを救うことを目的としており、地域の社会の問題点をさまざまな側面から包括的に追求する実践的志向の強い調査です。そのため、調査票による調査だけでなく各種の調査法を併用して、多様なデータを収集するところに特徴があります。ただ、現在では、社会踏査の"social survey"は、広い意味で社会調査の"social research"と同じ意味に用いられることが多くなっています。

第**2**章　社会調査としてのアンケート調査

1 社会調査やアンケート調査について なぜ知らなければならないか

　社会調査やアンケート調査は、世の中の実態や人々の意見を把握する強力な手段です。本書では、これから社会調査やアンケート調査の方法や分析などについて学ぶわけですが、それだけではなく、私たちが社会調査やアンケート調査と接触する場合の態度や考え方についても身につけてほしいと願っています。

　たとえば、社会調査やアンケート調査に協力を求められたら、何のための調査でどのように役立ち、どの程度プライバシーの情報を提供してもよいかなどを考えることができるようになることが必要です。

　また、社会調査やアンケート調査の結果には、現実の社会との「ズレ」が多く存在します。この「ズレ」を**バイアス**（bias：偏向）といいますが、社会調査やアンケート調査では、このバイアスをできる限り縮小して、事実を客観的に示すように努力します。新聞や雑誌、テレビなどで各種の統計を見たとき、それにバイアスがないか、社会の現実を的確にあらわしているかを見分けるセンスを養うことが重要です。

2 社会調査にはどのような種類があるか

（1）目的によって分類する

　調査によって得られた結果を何に用いるかという調査の目的によって、次のように分類できます。

目的による分類	統計調査	国勢調査、事業所統計、雇用統計、経済統計などの調査
	世論調査	政治・消費者・教育などに関する調査
	市場調査	消費者の評価・購買意欲などに関する調査
	各種実態調査	教育、勤労・家庭生活、余暇活動などの実態に関する調査
	学術調査	学問分野によって調査内容は異なる

　これを、もう少し詳しく見てみましょう。

① 統計調査

　国または地方公共団体などが作成する統計を**公的統計**といいます。政府が実施する国勢調査（**センサス**：census）がその代表で、ほかにも、事業所統計、雇用統計、経済統計、犯罪統計、学校基本調査などがあり、社会の総体的な把握を行っています。このほか、新聞社などの民間による統計もあります。

② 世論調査（public opinion polls）

　一般大衆における日常的な生活に関する意識についての調査ですが、とくに政党や内閣に対する支持・不支持、政策に対する意見、選挙時の投票予定候補者などを知るための調査をいうことが多いです。

③ 市場調査（marketing research）

　マーケティングリサーチともいい、商品やサービスの開発・販売の戦略を立てるために、商品やサービスについて、消費者の購入実態、評価、意見、態度などを調べる調査です。購入した商品についているアンケート調査や、テレビ番組の視聴率調査がよく知られています。

④ 各種実態調査

　教育、勤労生活、家庭生活、余暇活動などのあらゆる実態の調査です。たとえば、「○○生活実態調査」「○○意識調査」のようなものです。

⑤ 学術調査

　学術的な問題関心による調査ですが、学問分野によって手法や形態はかなり異なります。経営学の分野であれば企業や事業所を 1 つの単位とした調査、教育学の分野であれば学校においての調査が多いです。

（2）調査の対象によって分類する

　社会調査では、どのようなデータをどこから収集するのかによって、次のように種類と対象主体から分類することができます。

種類	人口統計	国勢調査、住民基本台帳統計、死亡統計など
	経済統計	家計調査、労働力調査、賃金調査など
	社会統計（狭義）	家族調査、意識調査、学校基本調査など
	その他	体育・保健統計など
対象主体	個人調査	1人ひとりの個人を対象とする調査
	世帯調査	住居および生計を共にする各世帯に対する調査
	企業調査	企業や組織などを対象とする調査
	地域調査	一定の地域を対象とする調査

3　どのような調査方法があるか

　社会調査を実際に行う場合の方法にはいろいろありますが、データのタイプとその収集の仕方などによって、一般に次のように分類することができます。

実際的方法	アンケート調査	アンケート用紙による調査
	面接調査	面接（インタビュー）による調査
	参与観察	現場に行って観察・記録する調査
	フィールドワーク	野外などの現場で行う調査・研究
	ドキュメント分析	文書や記録を収集して分析
	既存統計資料分析	すでにまとめられた統計データを分析
性質	量的調査	数量的なデータを扱う調査
	質的調査	数量的なデータ以外を扱う調査
継続性	パネル調査	同一回答者に対して異なる時点で同一質問を行う調査
	継続調査	定期的に回答者を変えて同一質問を行う調査
抽出	全数調査	調査対象の全数について調査
	サンプリング調査	一部のサンプルを調査して全体を推定する調査

（１）アンケート調査

　調査事項や回答記入欄などをあらかじめ記載したアンケート用紙（調査票）を用いて調査するものです。**調査票調査**ともいいます。

　質問が単純・適切であり、回答者が協力的であれば信頼できる結果が期待できる優れた方法です。

（２）面接調査（自由面接）

　調査者が回答者に会って直接「聞き取り調査（インタビュー）」を行いますが、この場合、調査員は簡単な質問項目のメモを用意しておき、これにしたがって比較的自由に発問して、不定形な回答を聞き取ります。質問事項が固定化しないで回答者に自由に答えさせるので、テーマに対する深い内容を調査できますが、調査員の個性や能力などに強く影響されてしまいます。

（３）参与観察

　調査者自らが、調査対象となっている現場に行ってその活動に参加し、体験するなかで観察したことを記録していく調査です。言葉だけではわからないような感覚も理解することができます。

（４）フィールドワーク（fieldwork）

　野外調査ともいい、野外あるいは研究室外の現場に出かけて資料やデータの収集を行い調査するものです。ここに参与観察を含めることもあります。

（５）ドキュメント分析

　手紙、日記、新聞、雑誌記事などの記録（ドキュメント）を収集してそれをデータとして分析し、そこから得た社会事象を調査者の目を通して理解しようとする調査方法です。

（6）既存統計資料分析

　公的統計など、すでに統計にまとめられたデータを分析する調査方法です。公表された統計資料をそのまま用いるだけではなく、許可を取って原票データを広く学術研究に利用できるようにデータをまとめるアーカイブ化が進められています。〔→章末の「コラム・アーカイブとは何か」参照〕

4 量的調査と質的調査の違い

（1）量的調査と質的調査

　一口に量的調査といえば数量的なデータを扱う調査で、そうでないものが質的調査です。

　調査をしようとする社会事象を見ると、多数の人が共通に体験するなかで、少しずつ個人差や集団差があることが多いです。たとえば、テレビの視聴行動や余暇の過ごし方、選挙における投票行動などがあげられます。このような事象の調査に適しているのが**量的調査**です。量的調査は、対象となる多数の人に調査票などで定型的に行い、結果のデータが主に数量的に得られます。

　これに対して、限られた少数の人が体験し、これにさまざまな事象が複雑に関わっているという場合もあります。たとえば、不登校やニート（無業者）、犯罪被害などがあげられます。このような事象の調査に適しているのが**質的調査**です。質的調査は、対象となる少数の人に対する面接調査や参与観察、ドキュメント分析などを非定型的に行い、結果のデータが主に文章の形で得られます。

　また、量的調査と質的調査を別の面から見れば、量的調査は、社会事象を細かく測って数値化し、本質を浮き上がらせたり、法則性を見出したりして理解できるようにしたものです。これに対して、質的調査は、特別な社会事象を体験している少数の人の主観や評価を取り出

し、社会のより深い理解を導き出そうとするものです。本書では量的
調査を中心に取り扱います。

（２）統計的調査と事例研究法

　調査のデータから平均や比率などの量的な統計量によって結果を得
ようとするのが**統計的調査**で、部分的な人を対象に調査のデータを記
述によって質的に表現するのが**事例研究法**です。

（３）質的データの読み方と基本的なまとめ方

　質的データは、文字・音声・画像などによって記録されたもので
す。さまざまな質的データは、さまざまな角度から分析することがで
き、個人や組織、地域社会の側面や全体像をとらえることができま
す。また、質的データを分類して数的データに変え、量的に分析する
こともありますし、諸要因の関連などを図にまとめて分析することも
あります。

5　パネル調査と継続調査の違い

　パネル調査は、同一の回答者に対して、質問の時を変えて同じ質問
をして、意見の変化を見る調査方法です。これは、支持政党について
の調査によく用いられる方法で、前の調査と後の調査との間に起こっ
た出来事などが支持政党に変化を与えたかどうかといった分析が可能
になる調査方法です。毎回、同一人物に同じ質問をすることになりま
すが、同一人物であることの確認が難しいです。

　これに対して、**継続調査**は、定期的に同じ質問して意見の変化を見
ますが、調査のたびに回答者を選び直して行う調査方法です。継続調
査は、長期間にわたって定期的に調査することによって、社会的意識
や政治的関心などの変化を分析するのに適しています。

6 全数調査とサンプリング調査の違い

全数調査とは、調査の対象となる全部について調査するものです。たとえば、学校の図書館の利用状態を調べたいとすると、その学校の全員を対象に調査を行います。また、ある都市の選挙の支持状態を調べようとする場合には、有権者全員を対象に調査をすることになります。しかし、これでは費用もかかりますし、調査そのものも大変です。そのため、調査対象の一部について調査をするのが**サンプリング調査**です。科学的なサンプリング調査によれば、全数調査を行わなくても同じ結果を得ることができます。そのため、多くの調査では、サンプリングによる調査を行っています。サンプリング調査については、「第1編・第10章」で詳しく取り上げます。

7 新しい調査方法

コンピュータやソフトウェアがますます進化することによって、コミュニケーションそのものも調査の対象とすることができるようになってきました。たとえば、最近では次のような調査も可能です。

| テキスト分析 | 調査対象となるテキスト（文字データ）などを分析する |
| 会話分析 | 調査対象となる会話について分析する |

（1）テキスト分析

たとえば、インターネットでは、主にテキスト（文字データ）によってコミュニケーションが行われています。これらのテキストからどのような言葉がどれほど使われているかを調べることができます。これは、雑誌や新聞などのメディアについても、文字がテキスト化し

てあって、コンピュータ処理ができる状態であれば同じように分析できます。この分析方法は、**内容分析**ともいいます。

（2）会話分析

　現代では、会話によるコミュニケーションも重要です。会話分析では、会話を録音して、どのような言葉がどれほど使われているかを調べたり、コミュニケーションするときのルールなどを明らかにしようとする方法です。人々は言葉をやりとりすることで、さまざまな意見を交換したり、感情をやりとりしたりしていますが、それがどのように発せられ、受け止められるかを分析するこれらの方法は、カウンセリング、消費者行動などの幅広い分野で活用されています。

研 究 問 題

1．次のような調査は、その目的から見て、どのような種類に分類できるでしょうか。
　（1）堤防工事と安全性についての調査
　（2）雇用の現状調査
　（3）勤労についての意識調査
　（4）ビール購入者についてのアンケート調査
　（5）国民の人口動勢とこれに関する諸種の状態の全国一斉調査
2．次のような調査は、実際的にどのような方法で実施することが望ましいでしょうか。
　（1）年代別に見たテレビ視聴の特徴
　（2）クレーム処理に見る製品開発の問題点
　（3）不登校の現状と問題点
　（4）銀行窓口におけるサービスの現状
　（5）インターネットの利用状況

3．次の分析について、量的分析か質的分析かの別を示し、具体的なデータの例をあげましょう。また、そのようなデータを分析すると、どのような結果が得られるでしょうか。

(1) スーパーマーケットの買い物客に配布した満足度などについてたずねる用紙を回収して分析

(2) 大学３年生の就職希望者に配布した就職先についてたずねる用紙を回収して分析

(3) 個人の手紙・日記・写真などのデータを分析

(4) 事件に関係する人の新聞・雑誌・裁判の記録などのデータを分析

アーカイブとは何か

　アーカイブ（archive）は、本来は「書庫」や「保管場所」という意味で、１つにまとめられたファイルや圧縮ファイルなどにも使われています。

　調査分野では「データアーカイブ」といい、「統計調査、社会調査の個票データ（個々に記入された調査票のデータ）を収集・保管し、その散逸（ちりぢりに散らばってなくなること）を防ぐとともに、学術目的での二次的な利用のために提供する機関」のことです。これまで、調査が行われたとしても、集計データの公表があるだけで個票までは公開されませんでした。しかし、類似の調査の重複を避け、調査データの有効活用の必要性が高まることにより、近年では、このような「データアーカイブ」を設立することが国際的にも盛んになってきています。

第**3**章　アンケート調査のアプローチ

1　データには定量データと定性データがある

　収集するデータには、売上金額や人口などのように数値や量であらわすことができる**定量データ**（quantitative data）と、モラルのレベルや満足の程度などのように数値や量であらわすことができない**定性データ**（qualitative data）があります。また、定量データについて行う分析を**定量分析**（quantitative analysis）と呼び、定性データについて行う分析を**定性分析**（qualitative analysis）と呼んでいます。

2　結果を導く帰納と演繹

　帰納（induction）は、個々の具体的事実や経験から一般的な法則を導き出そうとするもので、**演繹**（deduction）は、一般的な法則から必然的に新しい命題（帰結）を導くものです。たとえば、さまざまな問題点を調べて、これを解決するような案を導き出すのが帰納です。これに対して、原理原則にあった案を提示し、これからさまざまな問題を解決しようとするのが演繹です。

　演繹は、前提を認めるならば、結論もまた必然的に認めざるを得ないものではありますが、社会学の一般的法則は、普遍性に乏しく、状況や時代の変化に影響されやすいので、演繹的なアプローチは少なく、全体としては帰納的なアプローチが必要となることが多くなってしまいます。

3 アンケート調査の対象をどうとらえるか

（１）アンケート調査の目的

　アンケート調査を、単なるデータの収集や統計処理技術とする見方もあります。しかし、これはアンケート調査を狭い意味でとらえたものです。現代のアンケート調査は単なるデータ収集や統計処理だけにとどまらず、それらを通じてさらに解釈を行い、真実の探求をめざすものであり、これがアンケート調査の目的でもあります。

（２）アンケート調査の前提は何か

　アンケート調査は、多様で複雑な現実社会を、情報を収集して調査し、正確に現実を写し取ることが主眼です。しかし、たとえば朝の出勤時間を調べるといっても、数人から聞き取るだけですむわけではなく、決して簡単ではありません。一般にアンケート調査では、調査する人と調べた結果を利用する人は異なることが多いものです。したがって、調査する人が調査結果に納得できればよいというものではなく、それが客観的で説得力のあるものでなければなりません。そこで、アンケート調査を実施する場合には、次の前提条件にしたがうことが求められます。

① 目的意識を明確に

　「何のために調査をするのか」という具体的な目的意識を明確にしておかなければなりません。

② 調査結果は公表を前提に

　調査結果は本人のためのものではなく、社会に役立てるものでなければなりません。また、内容においても公表できる質を備えていなければなりません。

（3）変数と値

　たとえば、1か月の小遣いがどの程度かを調査する場合、単に小遣いの額を調べるのではなく、年齢や所属などによって異なることが考えられますので、その前提となる集団の状況についても把握するというように、調査の対象となる事象は、それを細分化して、枠組みを設定することが必要となります。

　1か月の小遣いの調査では、次のような調査が考えられます。

①	通学先	小学校　中学校　高校
②	学年	（　　　）年生
③	1か月の小遣い	（　　　　　　　）円

　この場合、「通学先」や「学年」、「1か月の小遣い」は、一定の範囲内で値が変化するので**変数**といい、「小学校　中学校　高校」や「（　　　）年生」、「（　　　　）円」は、回答の内容で**値**（value）といいます。値には、大きく分けて数値と文字があります。この1か月の小遣いの調査の例では、小学校を「1」、中学校を「2」、高校を「3」というように回答の内容を数値や記号に置き換えることが行われています。これを**コード化**（coding）といい、コード化による数値や記号を**コード**（code）といいますが、この場合でも回答の内容になるわけですから値となります。

4 アンケート調査では倫理を守ろう

（1）アンケート調査による倫理

　アンケート調査によって、私たちは認識の幅を広げ、場合によっては慣習や常識を超えて適切な施策を策定することもあります。しかし、調査がムダで不適切であることによって、役に立たない単なる調査の山をつくるだけになったり、人々のプライバシーを脅かすことに

なったりすることもあります。アンケート調査を有効に社会に役立てるためには、アンケート調査を正しく行い、利用できるようにしようという心がけが必要です。〔→章末の「コラム・倫理を規定する社会調査倫理規程」参照〕

（2）アンケート調査ではプライバシーが重要

アンケート調査は、不特定多数の人を相手にするわけですから、プライバシーの問題は避けられません。たとえば、近代社会調査は貧困調査が出発点でしたが、貧困の調査には社会の階層や個人の収入などのデータが不可欠です。これらのデータはプライバシーの最たるもので、他人には知られたくないものです。アンケート調査を行う場合には、調査する側には個人のプライバシーを最大限に尊重する態度が必要であり、これがなければ調査がどんなに社会的に意義があったとしても、調査される側は、調査に十分な協力をすることを躊躇することになりかねません。

アンケート調査は、調査者と被調査者との信頼感に基づく対等なコミュニケーションであるという認識が必要です。

（3）プライバシーを保護するとは

プライバシー（privacy）は、個人の日常生活や社会的な行動を他人から興味本位に見られたり他人から干渉されたりすることなく、私生活上自由に安心して過ごすことができる法的な保障と権利で、プライバシー権ともいいます。これを保護しようとするのがプライバシー保護です。

個人情報保護法（個人情報の保護に関する法律）では、「個人情報」を、生存する個人に関する情報で、この情報に含まれる氏名、生年月日、住所、電話番号、連絡先その他の記述などによって特定の個人を識別できる情報としています。したがって、個人を特定した調査デー

タが、みだりに他者に知られるようなことがあるとプライバシーの侵
害になることありますので、取り扱いには十分注意することが必要で
す。

（4）現実誤認の危険がある

　アンケート調査は、社会の現実を知るという働きをします。しか
し、偏ったデータばかり集めたり、質問の仕方が不適切であったりす
れば、調査結果は現実と異なったものになってしまいます。このよう
なことは、アンケート調査に対する認識不足によることが多いのです
が、調査結果が高い精度で社会の現実を示しているとしても、それを
解読する過程で間違えたり、結果の多様性を理解できなかったりする
ことがあります。調査結果は、現実との間にズレのある可能性をもつ
ことを確認し、社会に役立てることが重要です。

（5）調査結果が悪用される危険性

　調査にはバイアスがある場合があります。自分に都合がよくなるよ
うにバイアスをかけて調査を行い利用することは言語道断です。しか
し、さまざまな調査結果から自分に都合のよいものを選んで利用する
ことも考えられます。たとえば、内閣の支持率については多くの新聞
社や放送局などで調査していますが、選択肢の設定や文言を少し変え
ただけで結果がかなり異なってきます。この場合、この中で都合のよ
い調査結果だけを取り上げる危険性もあることになります。また、日
本の喫煙率についても高い国と比較すれば禁煙が進んでいることにな
りますし、低い国と比較すればまだ喫煙者が多いことになってしまい
ます。〔→第1編・Annex「統計にだまされないために」参照〕

（6）現実を操作することにもなる

　アンケート調査の結果は公表されなければなりませんが、その結果

は一応事実として人々の意識に作用します。アンケート調査が新聞やテレビなどで権威づけられれば、人々はそれを信じてしまいます。もし、このアンケート調査がある目的をもって故意に歪められて行われたとしたら、世論を権力者が都合よく誘導するなど、社会の現実を操作してしまう可能性をもっていることになります。

研 究 問 題

1．映画鑑賞に関してアンケート調査を行う場合の変数をあげてみましょう。
2．携帯電話の使用状況に関してアンケート調査を行う場合の変数をあげてみましょう。
3．アンケート調査を行う場合に、とくに注意すべき点を箇条書きであげてみましょう。
4．次の社会調査倫理規程について、社会調査協会以外にどのような規程や綱領があるか調べてみましょう。

コラム
倫理を規定する社会調査倫理規程

　社会調査士の資格を認定する一般社団法人社会調査協会では、社会調査全般について、倫理規程を次のように定めています。

〔策定の趣旨と目的〕
　（前略）
　会員は、質の高い社会調査の普及と発展のために、調査対象者および社会の信頼に応えるために、本規程を十分に認識し、遵守しなければならない。社会調査の実施にあたっては、調査対象者の協力があっ

てはじめて社会調査が成立することを自覚し、調査対象者の立場を尊重しなければならない。また社会調査について教育・指導する際には、本規程にもとづいて、社会調査における倫理的な問題について十分配慮し、調査員や学習者に注意を促さなければならない。

　プライバシーや権利の意識の変化などにともなって、近年、社会調査に対する社会の側の受け止め方には、大きな変化がある。調査者の社会的責任と倫理、対象者の人権の尊重やプライバシーの保護、被りうる不利益への十二分な配慮などの基本的原則を忘れては、対象者の信頼および社会的理解を得ることはできない。会員は、研究の目的や手法、その必要性、起こりうる社会的影響について何よりも自覚的でなければならない。

　社会調査の発展と質的向上、創造的な調査・研究の一層の進展のためにも、本規程は社会的に要請され、必要とされている。本規程は、社会調査協会会員に対し、社会調査の企画から実施、成果の発表に至る全プロセスにおいて、社会調査の教育において、倫理的な問題への自覚を強く促すものである。

第1条　社会調査は、常に科学的な手続きにのっとり、客観的に実施されなければならない。会員は、絶えず調査技術や作業の水準の向上に努めなければならない。

第2条　社会調査は、実施する国々の国内法規及び国際的諸法規を遵守して実施されなければならない。会員は、故意、不注意にかかわらず社会調査に対する社会の信頼を損なうようないかなる行為もしてはならない。

第3条　調査対象者の協力は、自由意志によるものでなければならない。会員は、調査対象者に協力を求める際、この点について誤解を招くようなことがあってはならない。

第4条　会員は、調査対象者から求められた場合、調査データの提供先と使用目的を知らせなければならない。会員は、当初の調査

目的の趣旨に合致した 2 次分析や社会調査のアーカイブ・デー
タとして利用される場合および教育研究機関で教育的な目的で
利用される場合を除いて、調査データが当該社会調査以外の目
的には使用されないことを保証しなければならない。

第 5 条　会員は、調査対象者のプライバシーの保護を最大限尊重し、
調査対象者との信頼関係の構築・維持に努めなければならない。
社会調査に協力したことによって調査対象者が不利益を被るこ
とがないよう、適切な予防策を講じなければならない。

第 6 条　会員は、調査対象者をその性別・年齢・出自・人種・エスニ
シティ・障害の有無などによって差別的に取り扱ってはならな
い。調査票や報告書などに差別的な表現が含まれないよう注意
しなければならない。会員は、調査の過程において、調査対象
者および調査員を不快にするような性的な言動や行動がなされ
ないよう十分配慮しなければならない。

第 7 条　調査対象者が年少者である場合には、会員は特にその人権に
ついて配慮しなければならない。調査対象者が満 15 歳以下で
ある場合には、まず保護者もしくは学校長などの責任ある成人
の承諾を得なければならない。

第 8 条　会員は、記録機材を用いる場合には、原則として調査対象者
に調査の前または後に、調査の目的および記録機材を使用する
ことを知らせなければならない。調査対象者から要請があった
場合には、当該部分の記録を破棄または削除しなければならな
い。

第 9 条　会員は、調査記録を安全に管理しなければならない。とくに
調査票原票・標本リスト・記録媒体は厳重に管理しなければな
らない。

第4章　アンケート調査の方法

1　アンケート調査を定義する

　アンケート調査は、共通のアンケート用紙（調査票）によって、多数の人に回答してもらい、これを統計的な処理をして示すものです。アンケート調査をもう少し厳密に定義をすると、次のように行う調査をいいます。〔→章末の「コラム・アンケートの語源は何か」参照〕

①顧客や個人などの調査対象に対する意識や行動、実態などを把握するため。
②統計的な調査を行うために、一定のルールにしたがって調査対象者を選ぶ。
③特定の調査方法による。
④様式化した質問により、多数の回答を得る。
⑤期間を限定する。
⑥統計的処理を行う。

　統計的に意味あるデータを得るためには、調査対象を代表するようにサンプリング（標本抽出）によって調査対象者を選びます。調査方法も、郵送、面接、電話などの特定の方法で、1週間以内というように一定の期間を区切って回答を求めます。
　アンケート用紙は、統一された様式の1問1答の形式で、回答者にわかりやすく整理された構成によって、回答しやすいようにしておか

なければなりません。アンケート用紙は回収され、得られたデータを集計し、平均値や構成比を算出したり、さらにさまざまなデータ解析を行います。

　前述のアンケート調査の定義は、統計的な調査を行うためのものですが、ここでいう統計的調査とは、同じ条件で調査を実施すれば、調査者が異なっても、調査対象の別の人が回答したとしても、結果が同じになる科学的な調査方法です。これに対して、統計的でない調査というのは、基準もなくいい加減に調査対象者を選んだり、回答者を募集したり、あるいはその人数がかなり少なかったりするなど、調査を再度行っても同じ結果を得られる保証がないような調査です。

アンケート調査についてのまとめ

な　ぜ	企業活動、行政、研究などに役立てるため		
何　を	調査対象の意識や行動、実態などを把握するため		
どのようにして	・調査対象を選ぶ	一定のルールで（統計的調査）統計的でない調査…回答者を募集するなど調査対象者選びがいい加減、再現性なし	
	・アンケート用紙で	…統一された様式の	
	・期　間　を　定　め	…期日を限定	
	・特定の調査方法で	…郵送、面接、電話などで	
	・多数の人から回答	…統計的であるため	
	・統計的処理を行う	…回答をもとにして	
誰　が	企業、官公庁、研究機関などによって		

２ アンケート調査の方法

　アンケート調査は、調査事項や回答記入欄などをあらかじめ記載したアンケート用紙を用いて調査するものです。アンケート用紙を誰が記入するかによって自記式と他記式があります。**自記式**は、実施した

ときに記入する者が回答者自身である場合で、**他記式**は、調査者など
他者が記入する場合です。これによって調査方法を分類すると、次の
とおりです。なお、これらの方法はアンケート用紙への記入を徹底す
るために組み合わせて行う場合もあります。

自記式	留置き法	アンケート用紙を配布し、一定期間内に記入してもらう方法
	郵送法	アンケート用紙の配布と回収を郵便によって行う方法
	集合法	回答者を一堂に集めて、その場でアンケート用紙の配布・記入・回収を行う方法
他記式	面接法	アンケート用紙の各項目について回答者に面接して聞き取る方法
	電話法	アンケート用紙の各項目について電話で聞き取る方法

① 留置き法

　調査員がアンケート用紙を調査対象者に直接手渡すなどして配布
し、一定期間（ふつう1週間程度）内に記入してもらい、後日あらた
めて調査員が訪問して回収する方法です。アンケート用紙を調査対象
者のところに留め置くためこの名がつけられました。

② 郵送法

　アンケート用紙の配布とその回収を郵便によって行う方法です。少
ない労力で大量に調査できますが、質問事項が多すぎると回収率が悪
くなる危険があります。

③ 集合法

　調査対象者に集まってもらい、その場でアンケート用紙を配布して
記入してもらって回収する方法です。調査についてはじめに全員に説
明するので、調査が均一化されます。学校の生徒や企業の従業員など
の団体を対象とした調査に適しています。

④　面接法

　調査員が直接回答者に会って面接（インタビュー）し、アンケート用紙の各項目について聞き取り調査を行う方法です。面接法によれば、質問の意味も明確に伝えられ、回答の虚偽性もチェックできるなど、回答の信頼性が高く、回収率も高いので他の調査法より優れていますが、費用がかなりかかってしまいます。自由面接による面接調査では、発問とその回答が比較的自由ですが、アンケート調査による面接法では、回答の形式や順序、選択肢などを調査者が指示する点で大きく異なります。

⑤　電話法

　調査員が回答者に電話でアンケートの各項目について聞き取り調査を行う方法です。時間や労力、費用をあまりかけないで広い範囲を短期間で調査できます。選挙時の投票行動調査のような即時性が求められる調査に適しています。この場合、コンピュータで電話番号をランダム（無作為）に発生させ、電話して調査する **RDD**（Random Digit Dialing）法によることが多いです。

3 　回答者に配慮しよう

　一般にアンケート調査の回答者は、無償かあるいは薄謝によって協力をしてくれる人たちです。アンケートの回答には時間も手間もかかります。このような人たちには、大いに感謝をすべきですから、不快な思いをさせないように配慮しなければなりません。調査にあたっては、調査の目的が公共的なものか社会的なものか、どのように役立つのかを説明するだけでなく、調査によって得た情報は調査目的以外に使用されることがないことや、とくに個人情報は漏洩などがないように責任をもって取り扱うことなどを十分に説明して、回答者の理解を得ることが重要です。

　また、面接調査のように、調査員が回答者と面会をして調査を行うような場合には、調査員の態度によって回答が変わってしまうことも考えられます。このようなことを防止するためには、調査の仕方に関するマニュアルなどを用意しておくだけでなく、調査員の教育を十分に行い、調査が標準化された状態のもとで行うことができるようにしなければなりません。

4 アンケートを依頼し回収する方法

（1）アンケート調査を依頼する

① 調査の依頼をする場所

　調査対象者にアンケートを依頼する場所は、次のようなところが多いです。

- ・対象者の自宅
- ・道路や公園、屋上などの屋外
- ・飲食店や企業の応接室などの施設内
- ・インターネット上
- ・新聞・雑誌などの紙面や誌面

② 調査の依頼をする方法

　調査対象者にアンケートを依頼する方法については、次のようにして行うことが多いです。

- ・面接調査の調査員や会場でアンケートを募集する募集員など、専門の調査員による依頼
- ・郵便、電話、FAX などによる回答依頼
- ・新聞・雑誌・放送などのマスメディアやチラシ広告などで回答者を募集
- ・インターネットや携帯電話のメールなどでの回答依頼や回答者募集

（２）アンケート用紙に記入する

　アンケートの依頼を受けた調査対象者が回答する際、その回答方法には、回答者自身が記入する自記式と、調査員が記入する他記式の２種類があります。

（３）アンケート用紙（データ）を回収する

　アンケートが終了したら、調査対象者からアンケート用紙などを回収します。回収は、依頼と同じ方法による場合もあります。また、回収内容は、アンケート用紙そのものや、インターネットなどを通じてデータだけを回収する場合もあります。

第4章

研究問題

１．アンケート調査に関する次の記述について、それぞれどのような方法によるか、また、自記式・他記式の別も答えましょう。
　(1) 実際の回答者に会って、質問し、回答を聞き取る。
　(2) 調査票を郵送し、回答も送り返してもらう。
　(3) アンケート用紙を手渡し、１週間以内に回答を記入してもらう。
　(4) 電話をかけて、質問について回答してもらう。
　(5) 集会を利用して、その場でアンケート用紙を配り、記入してもらい、回収する。
２．あなたは今までに、①いつ、②どこで、③どのような方法で、④どのような内容のアンケート調査を受けたことがありますか。

コラム　アンケートの語源は何か

　アンケートは、フランス語の"enquête"が語源で、調べる、尋問という意味をもっています。英語では"questionnaire"がこれに該当します。本来は、問題に対して、特定の専門家、関係者などから一定の質問項目について意見を求める調査方法を指します。現在では、ふつうの調査票（アンケート用紙）による調査を総称しています。「アンケート調査」というと、「アンケート」も「調査」も意味が同じで重複語になりますが、最近では許容されています。

 コラム　アンケート調査ではどのような失敗が多いか

アンケート調査実施後における反省の例をあげてみました。

◆ 郵送したアンケートの数に比べて回収できた数が少なすぎた。
　→ 調査方法の選択に問題があったと考えられます（本章②アンケート調査の方法を参照）。
◆ 回答をどのように解析したらよいか困ってしまった。
　→ 計画段階で綿密な集計計画や分析計画を立てておきましょう（第８章参照）。
◆ ある質問に対して無回答が多かった。
　→ アンケート用紙作成の段階で【調査項目設定の原則】に従って慎重に質問を作成しましょう（第11章参照）。質問の妥当性を確認するために予備調査を行うことも考えられます（第８章参照）。
◆ 調査の実施までに予想以上の時間がかかり、時間的な余裕がなくなって満足できる報告書を作成できなかった。
　→ 調査企画の段階で、実現できる調査日程を作成し、進捗状況を管理しましょう（第９章参照）。

第**5**章　アンケート調査の種類

1 アンケート調査にはどのような種類があるか

　アンケート調査には、調査の依頼方法や回答の仕方、回収方法など
にさまざまな方法があります。アンケート調査の主な種類をまとめる
と、次のとおりになります。

アンケート調査の主な種類

調査依頼の方法	調査の種類	記入者	
		対象者	調査員
調査員が訪問	面接調査		○
	留置き調査	○	
通信手段を利用して依頼	郵送調査	○	
	電話調査		○
	インターネット調査	○	
街頭・施設などで調査員が依頼	集合調査	○	○
	簡易調査	○	○
その他	FAX 調査	○	
	携帯電話調査	○	
	ディジタルテレビによる調査	○	
	ホームユーステスト調査	○	○
	回答者募集式調査	○	

　上の表における「調査依頼の方法」の欄の「その他」には、新聞や
雑誌の広告、チラシ広告、インターネット広告、店頭ポスターなどに
よる依頼があります。また、「記入者」の欄では、対象者（回答者）

が記入する**自記式**と、調査員が記入する**他記式**を示しています。

2 面接調査とはどのような調査か

　面接調査は、調査員が調査対象者を訪問し、本人に直接質問をしてその場で回答を得る方法です。面接調査では、調査員が調査対象者を訪問して直接面会するため、調査に対する理解や協力が得られやすく、回答も確実に得られます。また、質問の意図が伝えられますので、枝分かれのある質問などでも確実に回答を得られ、ミスも少なくなります。

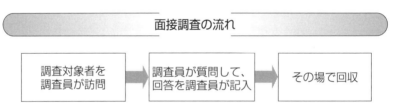

面接調査の流れ

調査対象者を調査員が訪問 → 調査員が質問して、回答を調査員が記入 → その場で回収

　面接調査は、複雑でわかりにくく説明が必要と思われる調査や商品見本などの実物を手に取りながら行うような調査、子どもや年配者を対象とした調査など、質問内容や回答方法に理解しにくいと思われるような調査に向いている調査方法です。

　しかし、最近では、生活環境が夜型となり、訪問しても不在のことが多く、調査を拒否する場合も多く見られます。そのため、調査に人手（人件費）や訪問のための交通費が多くかかり、調査費用も高くなりがちです。

　また、対象者の選定も大変です。対象者リストがあればよいのですが、官庁の所有する選挙人名簿や住民基本台帳は、個人情報の保護という観点から、こうした調査のためには閲覧できないことになっています。〔**→章末の「コラム・選挙人名簿と住民基本台帳」参照**〕

　面接調査の主な長所と短所をまとめると、次ページのとおりです。

長所	・調査への理解・協力が得やすい。
	・回答が確実に得られる。
	・複雑な質問についても説明できる。
	・対象者が子どもや年配者のように質問内容や回答方法の理解が不充分な場合でもサポートできる。
	・記入ミスが防止できる。
	・商品見本や道具などを使った質問が可能。
短所	・対象者が不在の場合がよくある。
	・対象者の調査拒否がよくある。
	・調査員の面接技術が必要。
	・調査員の教育、管理、監督が必要。
	・多くの人手（人件費）や交通費が必要で調査費用が多額になる。
	・対象者の選定が大変。
	・時間がかかる場合が多い。

　面接調査は、このような長所、短所をもつので、調査結果を早く出したい、多数の調査員を確保できない、調査予算が少ない、調査対象者を選定するリストがない、調査対象地域が広範囲になる、在宅率が低い単身者などを対象にする、というような場合には、他の方法でアンケート調査を行うことを検討したほうがよいでしょう。

3　留置き調査とはどのような調査か

　留置き調査は、調査員が調査対象者を訪問し、調査に対する協力を依頼してアンケート用紙を預け、後日あらためて訪問をして回収する方法です。アンケート用紙を対象者のところに、回答のためしばらく留め置くのでこの名前がつけられました。留置き調査では、対象者を訪問することでは面接調査と同じですが、その場で調査を行わないで、アンケート用紙を対象者本人か同居者に渡して、後日回収することが異なります。アンケート用紙の回収も、本人が不在であれば同居

者から受け取ることになります。

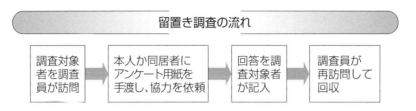

留置き調査の流れ

| 調査対象者を調査員が訪問 | 本人か同居者にアンケート用紙を手渡し、協力を依頼 | 回答を調査対象者が記入 | 調査員が再訪問して回収 |

　留置き調査と面接調査は、どちらも訪問による調査なので、長所・短所とも類似点が多いのですが、留置き調査では、アンケート用紙がある程度の期間、対象者の手元にあるので、都合のよいときに回答できたり、多少面倒な質問でも時間をかけて回答できます。また、対象者を訪問するのは、調査を依頼してアンケート用紙を渡したり、回収したりすることが中心ですので、面接技術に熟練した調査員はとくに必要としません。回収時にチェックをすれば、記入もれやミスを防止することもできます。

　しかし、留置き調査は、面接調査に比べて対象者本人の回答かどうかを確認できないことがあります。また、本人の回答であったとしても、家族の意見に影響を受けている場合が考えられます。

　留置き調査では、アンケート用紙の回収だけを郵送にすることもあります。また、調査を依頼してアンケート用紙を手渡す際、直接本人に質問したほうがよい部分だけ、その場で答えてもらう方法もあります。

4 郵送調査とはどのような調査か

　郵送調査は、アンケート用紙の送付や回収を郵便で行う方法です。郵送調査では、調査対象地域が広範囲であっても低コストで調査ができるのが最大の特徴です。しかし、アンケート用紙を送るには、調査

対象者の氏名と住所がわからなければなりません。また、用紙の発送からその回収まで時間がかかり、回収率もそれほど高くありません。

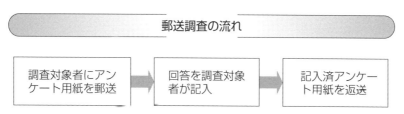

郵送調査の流れ

| 調査対象者にアンケート用紙を郵送 | → | 回答を調査対象者が記入 | → | 記入済アンケート用紙を返送 |

郵送調査の主な長所と短所は、次のとおりです。

長所	・低コストで広範囲の地域の調査ができる。 ・回答に一定期間を設定しているので、ゆっくりと回答できる。 ・対面では答えにくい質問も可能。
短所	・対象者の氏名と住所がわかるリストが必要。 ・発送から回収までの期間が長い。 ・対象者本人の回答かどうかの確認が困難。 ・本人の回答であっても、家族の意見の影響を受けている可能性がある。 ・回答ミスを防止しにくい。

　郵送調査では、アンケートの依頼は郵送で、回収は別な方法をとったり、反対に、アンケートの依頼は郵送以外の方法で行い、回収を郵送で行うこともあります。回収を郵送以外で行う方法には、調査員による回収や電話による回収、FAXによる回収などがあります。アンケートの依頼を郵送以外で行う方法には、調査員の訪問依頼や街頭、施設などでの手渡し依頼などがあります。また、回答率を高めたい場合には、回答者の自己負担を少なくすることが重要で、受取人払いによる返信用封筒を用意したりするような対策が必要です。

5 電話調査とはどのような調査か

　電話調査は、選挙による政党支持調査や世論調査などでよく行われ

る調査で、調査員が直接調査対象者に電話をして、その場で回答を得る方法です。

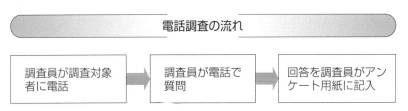

電話調査では、電話と調査員を多数配置できれば、低コストで広範囲の地域に一斉に調査ができるので、比較的短時間で結果を得ることができます。また、対象者と対面しないので、対面では答えにくい質問もできます。

これに対して、電話を使用するので、相手の確認が困難で、拒否されやすく、複雑な質問は不向きで、短い質問でなければならないなどのデメリットがあります。

最近では、携帯電話だけで、固定電話をもたない世帯が増えていますので、調査が偏るおそれもあります。また、調査対象者を電話帳で選ぶ場合、電話帳非掲載を申請している人がいることや、住宅用電話と事務所用電話が混在して掲載されていることなどの問題があり、この点からも調査が偏るおそれがあります。

なお、テレビなどで使われている**テレドーム**も、電話調査の一種です。〔→**章末の「コラム・テレドームとはどのような調査か」参照**〕

6　インターネット調査とはどのような調査か

インターネット調査は、インターネットなどで回答者を募集し、質問もインターネットで配信します。アンケートに対する回答は、インターネットのサイトに直接記入したり、Eメールで行ったりします。

インターネット調査は、回答者募集式調査の1つですので、回答者を選定（サンプリング）することも、調査員も必要ありません。回答のデータはそのまま集計ができるので、調査結果が短期間で得られます。また、調査費用が安く、質問内容によっては大量の回答を受け取ることもできます。

これに対して、インターネット調査では、回答の際、氏名、年齢、性別などを偽ることができますので、これらのデータは信頼できないことになります。

なお、インターネット調査については、「第1編・第6章」でさらに詳しく取り上げます。

7　集合調査とはどのような調査か

集合調査は、対象者を調査会場に集め、その場でアンケート用紙を配布して記入してもらい、その場で回収する方法です。学校の児童・生徒・学生や企業の従業員などの団体を対象とした調査に適した方法です。はじめに調査についての説明を全員に対して行うので、調査員の影響が均一化されます。回答は、出席者全員から回収できるので、回収率が高く、時間や労力もかからず低コストの調査方法です。回答の匿名性も保証されます。

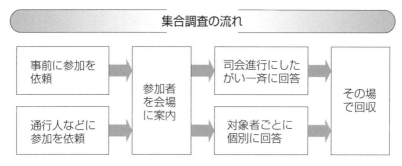

しかし、調査会場に特別の雰囲気がある場合や、対象者から突然出された質問や意見に会場全体が影響を受ける危険性もあります。また、対象者全員が出席するのでしたら問題がないのですが、出席率が低くなると結局真面目な人や積極的な人だけが出席することになってしまい、回答が偏ってしまう危険性もあります。

こうした集合調査は、実際には学校や企業などの団体に所属する人たちを対象にする以外は実施が難しくなります。集合調査は、こうした団体を対象とするほかに、通行人やショッピングセンターなどの施設への来場者などに協力を依頼したり、参加者を事前に依頼しておくなどして、参加者を調査会場に集め、そこでアンケート調査を行うことが実際に多く行われています。調査のために設置した会場で調査を行う方法をとくに**セントラルロケーションテスト**（CLT：Central Location Test）ということがあります。

このような調査方法では、調査会場に案内された参加者（回答者）が回答する方法に、次の2種類があります。

　・司会者の進行にしたがって参加者は一斉に回答を行う。

　・対象者ごとに個別に面接して回答を行う。

調査が行われる会場では、調査環境を統一してコントロールすることができます。しかし、熟練した調査員が必要で、対象者を一堂に集めることができる会場を確保したり、多数の参加者を集めたりすることは、コスト面以外についても、かなり大変なことです。

　なお、呼び込み方式で、道路上の通行人から参加者を集めるためには警察署の道路使用許可、施設の中で参加者を集めるのでしたら施設管理者等から許可を得ることが必要になります。

　集合調査の例をあげると、次のとおりです。ここでは、見本市や展示会、フォーラム、街頭などで了解を得た人を会場に集めて行います。

- ・参加した行事に対する意見・評価
- ・企業が新開発した試作品の評価
- ・企業の販売する新製品の評価
- ・テレビで使用するコマーシャルの訴求効果の評価
- ・印象に残るロゴマークなどデザイン案の評価
- ・社会的に話題となっている問題に対する意見

8　簡易調査とはどのような調査か

　簡易調査は、通行人や施設の利用者などに、その場で面接などの方法によって行う調査です。道路・商店街・繁華街・駅などを通行している人や店頭、ショッピングセンターなどの施設の来場者などを対象に調査を行いますので、実施場所や調査対象もさまざまです。

　簡易調査では、多数の対象者に接触して、短時間の面接によるアンケート調査を行います。調査員による対面での調査ですので、対象者本人の回答が確実に得られ、質問を効率よく進められ、記入ミスも少ないなどの利点があります。しかし、通行人や買い物客などが対象ですのでなかなか調査協力が得られず、長時間の拘束や面倒な質問は適さず、天候なども調査に影響を与えるなどの問題点があります。

　なお、簡易調査は、調査員が面接するほか、対象者にアンケート用紙を手渡して記入を依頼し、後で郵送してもらったり、回収箱を設けてアンケート用紙への記入後にそこに投入してもらったりする方法も

あります。

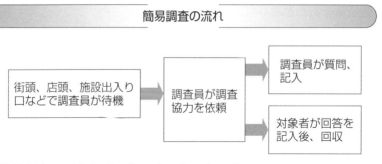

簡易調査の例をあげると、次のとおりです。

・駅などで、鉄道・バスの利用者調査
・スーパーマーケットなどの大規模小売店舗で、来店客調査
・選挙の投票所の出口で、投票した人への出口調査
・駐車場で、ドライバーに利用者調査
・道路上で、通行人に政党や内閣支持などの政治調査
・テーマパークの出口で、来場者の満足調査

9　そのほかの調査にはどのようなものがあるか

　アンケート調査には、これまでにあげた面接調査や留置き調査などのほかにも、さまざまな方法があります。ここでは、FAX や携帯電話などの通信手段を使った調査などについて取り上げます。

（1）FAX 調査

　FAX 調査は、広告などで募集をしたり、商品販売時に依頼をしたりして、了解を得た調査対象者に、FAX でアンケート用紙を送信して、FAX で回収する方法です。FAX 調査では、自動送受信ができるので時間の制約は少なく、広範囲の調査が低コストでできるというメリットがあります。しかし、FAX の通信コストが必要ですので、あ

らかじめ対象者の了解が必要ですし、回答が対象者本人かどうかの確認ができないのがデメリットです。

　最近では、パソコンで作成したアンケートを、そのまま調査対象者にFAXで一斉送信できたり、送信または受信したFAXイメージを自動的に指定のファイル形式に変換したうえでパソコン上の任意のフォルダーに保存できたり、受信したFAXに対して自動的に受領確認返信するというような方法も可能になりました。なお、この調査では、調査対象者とあらかじめ調査協力のためのモニター契約をしておくのがふつうです。

（2）携帯電話調査

　携帯電話調査は、携帯電話の所有者に、Eメールでアンケートを送信し、Eメールで回答を得る方法です。携帯電話もインターネットに接続できますので、インターネット調査と同じような調査もできるようになりました。携帯電話調査では、すぐに回答が得られますが、短い質問しかできませんし、回答者も特定の層に偏りがちです。また、携帯電話には、使用者の位置情報（GPS）が利用できますので、これを使った調査も可能です。この調査では、調査対象者とあらかじめモニター契約をしておくのがふつうです。

（3）テレビの双方向サービスによる調査

　地上ディジタル放送では、テレビに接続されたインターネット回線などを通じて、テレビを見ながら、視聴者がアンケートに回答したり、クイズ番組の解答者として番組に参加をしたり、あるいはリクエストをしたり、テレビショッピングの番組を見ながら同時に注文を入れたりすることができます。このように、放送局から視聴者への一方通行ではなく、二者の間で双方向のやりとりが行われるので、この機能を**双方向サービス**といいます。

双方向サービスの仕組み

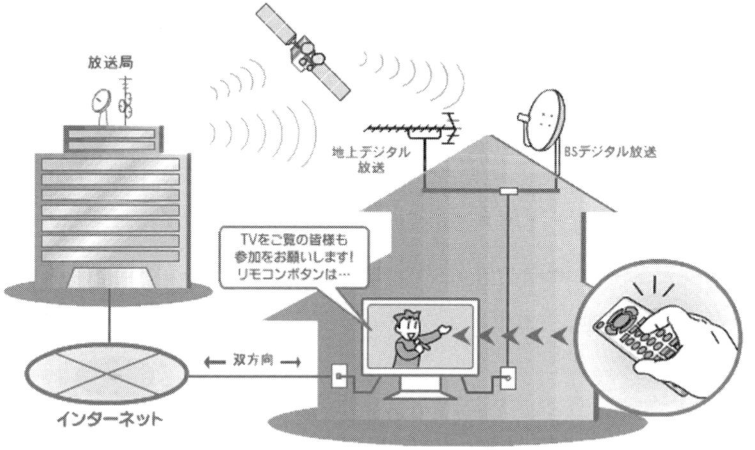

日本放送協会「NHK デジタル」HP より

　双方向サービスによるアンケート調査は、直ちに調査結果を知ることができますが、次のことに注意をしないと調査結果を誤って理解することになります。

　　・対象者はその番組を見ている視聴者である。

　　・投票をしたいと思う考えをもった者の投票結果である。

　テレビを見ている者が双方向サービスで投票する場合、その番組に共感をもつ者の投票が多いと考えられます。双方向サービスは、簡単に視聴者の意見を測定できるという特徴がありますが、あくまで特定層の意見であり、この測定結果が世論であることにはならないことに注意が必要です。

　なお、最近では、同様の調査方法として、パソコン・携帯電話・スマートフォンなどからインターネットの Web ページにアクセスをして応募・投票するインターネット調査も増加しています。〔**→第1編・第6章「インターネット調査を行うには」参照**〕

　双方向サービスの機能を用いた番組は双方向番組と呼ばれます。基本的に生放送の番組が多いのですが、生放送でなくても双方向番組は可能です。双方向番組では視聴者は、画面からリアルタイムにリモコンの青・赤・緑・黄の4色ボタンを操作して簡単に情報発信することができます。

（4）ホームユーステスト調査

　ホームユーステスト調査は、調査の対象となる商品を実際に家庭などで試してもらい、それを利用した体験から評価や問題点などをアンケートする調査です。新製品の開発などに際して行うことが多いです。この調査には、調査対象の商品とアンケート用紙を受け取り、その場で回答したり自宅で回答する方法や、会場で調査対象の商品を使用して、調査員の質問に答えて回答する方法などがあります。なお、この調査では、調査対象者とあらかじめモニター契約をしておくのがふつうです。

（5）回答者募集式調査

　回答者募集式調査は、インターネットや広告などで回答者を募集し、回答者を1箇所に集めて行う調査です。この調査では、集まった回答者が母集団を代表するかどうかがわかりませんから、統計的に検証することはできないことになります。

研 究 問 題

1. アンケート調査の主な種類を、次のような一覧表にまとめてみましょう。ただし、主な依頼場所（自宅、道路上、施設内など）や依頼メディア（調査員、募集員、郵便など）、記入者（調査員、対象者）、回収メディア（調査員、郵便、電話など）についての分類項目は各自で設定し、アンケート調査の種類ごとに該当のところに○印をつけるようにします。

アンケート調査の種類別特徴

特　徴＼アンケート調査の種類		面接調査	留置き調査	郵送調査	電話調査	インターネット調査	集合調査	簡易調査	FAX調査	携帯電話調査	ホームユーステスト調査	回答者募集式調査
主な依頼場所	各分類項目											
依頼メディア	各分類項目											
記入者	各分類項目											
回収メディア	各分類項目											

2. 地上ディジタル放送では現在どのような双方向番組を放送しているか、番組ごとに、①放送局名、②番組名、③番組の内容、④双方向サービスの利用状況等を調べてみましょう。

選挙人名簿と住民基本台帳

　選挙人名簿は、有権者の氏名を登録した名簿です。市町村の選挙管理委員会が管理をしています。

　住民基本台帳は、住所・氏名・性別・生年月日などの住民票の内容をまとめた公簿です。現在では、住民基本台帳システムとしてコンピュータ化され、各市町村で整備・管理しています。住民基本台帳の写しの閲覧は、従来は企業がダイレクトメールを送付するために利用されることが多かったのですが、国民のプライバシーに関する関心の高まりを受けて、2006 年 11 月 1 日に閲覧制度の全面改正が施行され、現在では、公益性のある統計調査・世論調査・学術研究や、公共的団体が行う地域住民の福祉の向上に寄与する活動、官公署が職務上行う事務のためにだけ閲覧が許可されています。

テレドームとはどのような調査か

　テレビ番組で使用される調査方法にテレドームがあります。テレドームは、テレビ番組の生放送中に、ある問題について設問を設定し、賛成、反対を視聴者に指定した電話番号で投票してもらい、かかってきた電話の回数を自動的に集計して、その場で結果を発表するような即時性が受け、娯楽番組だけでなく政治番組でも使われるようになりました。

　テレドームは、NTT コミュニケーションズによって提供される特殊電話サービスの 1 つで、テレビ番組等に投票できるほか、各種企業等の提供する情報を取得することもできます。

第 5 章

第 6 章　インターネット調査を行うには

1　インターネット調査の前提を確認しよう

　インターネットを用いて調査を行うことを**インターネット調査**といいますが、ネット調査やオンライン調査、ウェブ調査ということもあります。アンケート調査の現状を見ると、回収率の低下やプライバシー意識の高まりなどによって、従来の調査手法の調査環境は悪化しています。そこで、最近、多くの人に利用されているインターネットを用いたインターネット調査が注目されてきました。インターネット調査は、比較的コストを低く抑えることができ、調査も短時間で実施できるメリットがありますから、アンケート調査の手段として多用されるようになってきています。

　インターネット調査の前提となる主な事柄は、次のとおりです。

（1）対象はインターネット利用者
　調査の対象者は、インターネットの利用者に限定されます。回答者はパソコンや携帯電話、スマートフォン、タブレット端末などを通じて回答します。ただし、インターネットの利用者は、世界中と広範囲です。

（2）調査への協力者の偏り
　調査の対象者は、インターネット利用者のうち、調査のテーマに関心がある者で、アンケートに答えたいと思う人しか回答をしません。また、インターネット調査の年齢分布には偏りがあります。日本の人

口の年齢分布と異なり、回答者の年齢を見ると 30 歳代が最も多くなっています。

（3）調査対象者本人の確認ができない

次に示すように、調査対象者本人の確認が困難です。したがって、なりすましや多重登録などの不良回答が含まれる可能性があります。

・回答者を募集するとき、対象者の性別、年齢などの確認が困難。
・謝礼を目当てに同一人が複数回応募してきても、完全にはチェックできない。
・特定の対象者を選んで依頼しても、本人の回答であるかどうかの確認が困難。
・回答者の募集のとき条件をつけても、条件に合致するかどうかの確認が困難。

（4）回答者の協力が限定的

あるインターネット調査会社によると、アンケートに対して回答者の協力をどの程度得られるかについて、回答を開始する割合（協力率）は約 30％で、調査対象者を絞り込むための事前調査を行った場合で約 70％程度だといいます。また、アンケートの質問数が多くなれば途中で回答をやめてしまう割合（中止率）も高くなります。質問数が 30 問、回答時間が 15 分での中止率は 4 〜 5％ですが、さらに質問数が多くなれば 8 〜 17％程度に中止率が増えるという調査もあります。

（5）質問を深く掘り下げられない

記述式の設問を入れることもできますが、選択式が中心となりますので、回答者の意識や行動などについて個別に詳しく調べることはできません。これは全体を数値でとらえる量的調査だからです。

（6）統計的精緻さを期待できない

　インターネット調査ではこれまであげたインターネットの前提を理解したうえで、インターネットを利用して調査を行っても支障のないことを確認しなければ、実施したインターネット調査に対して統計的精緻さを期待することはできません。

　このように、インターネット調査では、ほかの調査方法と大きく異なり、回答者の属性に偏りがあるという大前提を認識して調査を行わなければなりません。

2　インターネット調査にはどのようなメリットがあるか

　インターネット調査は、インターネットを利用した調査ですが、これには主に次のようなメリットがあります。

（1）コストがかからない

　調査員の人件費やアンケート用紙の印刷費、交通費、通信費などがほとんどかからず、謝礼も安く、回答者抽出も簡便です。

（2）結果が直ちに得られる

　質問項目がわかれば、すぐにでも調査を行うことができます。また、回答結果も短期間で回収できますし、ディジタルデータとして収集されますから、容易にファイルにまとめることができ、あらためて入力しなくてもデータ解析が可能です。

（3）大規模な調査が可能

　広範囲に利用されているインターネットを使用するので、コストがかからず、日本だけでなく、諸外国を対象とするような国際的な調査が可能です。

（4）その他のメリット

- ・回答率が比較的高い。
- ・自由回答の記入率が比較的高い。
- ・回答者を細かく設定できる。
- ・写真や動画を利用するアンケートが可能である。
- ・回答の矛盾などをシステムで検出できるので、有効回答が多くなる。
- ・アンケート作成や、データ処理などのシステム化が比較的容易である。
- ・特に実態調査などに関しては従来の手法と回答結果に大きな差が出なくなってきている。

　インターネット調査には、このようなメリットがありますので、緊急に調査が必要なときや、頻繁に調査をしなければならないとき、あるいは、コストをかける余裕がないときには、最適な調査方法といえます。ただし、この後で取り扱うインターネット調査のさまざまな問題点をあらかじめ理解しておくことが必要です。

3 インターネット調査におけるサンプリング

　インターネット調査では、調査の対象者（標本）を集めるサンプリングの方法に、次の2種類があります。

（1）オープン型

　Webページにアンケート内容を公開し、バナー広告などで調査協力を広く呼びかけるもので、特定の個人に対する調査依頼は行いません。このバナー広告（banner advertising）は、Webページの一部に掲載する広告で、一般に広告内容をあらわす四角い画像を表示させ、そこに広告主が希望するWebサイトへのリンクを張るものです。

　具体的には、検索サイトの"Google"や"Yahoo!"などに広告を出して回答者を募集し、広告に掲載したリンク先の Web ページにアンケートを表示させて回答を得られるようにするものです。

（2）クローズド型

　調査協力の意思をもつ者（モニター）を、次のような方法によって集めておき、全員を調査対象者とするか、そのなかから調査の目的にあわせてそのつど実際の調査対象者を選ぶものです。

- ・Web ページで公募
- ・懸賞募集によるなど他の目的で集めた人
- ・郵送調査や面接調査によるなど、他の方法による調査の回答者のなかの応諾者

　具体的には、モニター専用の Web ページを設け、ユーザ ID とパスワードを入力しないと Web ページを見ることができないようにしておいて、そこにアンケートを表示させて回答を得られるようにするものです。

　なお、オープン型のインターネット調査においては、回答率という概念は当てはまりません。回答率は、調査依頼者数における回答者数の割合ですから、オープン型のインターネット調査では、調査依頼をしないので調査依頼数がわからず、算出できないことになります。

4 インターネットで調査する

インターネットを利用した調査には、次の方法があります。

メール調査	メールでアンケートを送る
Web 調査	Web ページ上にアンケートを掲載する

（1）メール調査

　メール調査では、調査対象者にメールでアンケート（アンケート用紙の内容）を送り、回答もメールで受け取ります。メール調査でのアンケートの作成にあたっては、受け取ったメールの引用で容易に回答できるように工夫しておくことが必要です。

（2）Web 調査

　Web 調査では、あらかじめ Web ページにアンケートの内容を掲載しておき、回答はその Web ページ上で行うようにするのが一般的です。Web 調査でのアンケートの作成にあたっては、アンケート上で該当の箇所をクリックするなどの方法で容易に回答できるように工夫しておくことが必要です。この場合、あまり多くの質問事項を設定することは望ましくありません。

　Web 調査では、アンケートサービスを行うリサーチ会社が多数あります。単純な Web 調査では、次ページのように、Web ページ上にアンケートを掲載しておき、利用者がその画面上で回答するようになっていて、回答する時点での途中経過も見ることができます。一定期間で回答が締め切られた後の集計結果も画面上で確認することも可能です。

Web 調査の Web ページの例

Web 調査での集計結果を見る Web ページの例

5 社会調査におけるインターネット調査利用の可否

（1）労働政策研究・研修機構による調査

　独立行政法人労働政策研究・研修機構による「インターネット調査は社会調査に利用できるか――実験調査による検証結果――」（2005年）という報告書によると、インターネット調査と従来型の調査手法の特徴を次のように比較・分析しています。

① インターネット調査と従来型調査を比較する

　インターネット調査と従来型調査とを比較する実験調査を実施した結果は、次のとおり。

- ・無作為抽出によって選ばれた調査対象への訪問による面接調査（従来型調査）と、モニターを使ったインターネット調査や郵送調査では、調査結果の大半が有意に異なった。
- ・性別、年齢、学歴、職業などの実体的な属性だけではその差が説明できない。
- ・インターネット調査と従来型調査とを比較したとき、モニターを使った各種調査の結果には共通性が見られた。
- ・各調査による回答構造（データ間の相関関係）も調査によって異なる場合がある。

　1回だけの実験調査では、その結果に偶然的な要素が含まれている可能性は否定できないが、数種類の典型的な調査手法を用いて一般的な価値観や生活実感等を質問したという点で、今回の実験調査には一定程度の普遍性はあると認識できるし、今回の実験調査結果は今後の議論の足がかりになりうるものと考えらる。

② インターネット調査利用の可否についてのまとめ

- ・今回の調査結果を見る限りでは、インターネット調査は、現段階では、従来型調査の代用として何の留保もなくそのまま用いるこ

とは不適切である。

・一方、モニター（公募モニター、無作為抽出モニター）を使った
インターネット調査・郵送調査の回答者には、従来型調査と比較
して共通の特徴（高学歴、労働時間が短い、不安・不満が強いな
ど）が観察された。今後、こうした特徴が反復検証されれば、そ
の情報をモニター型調査の結果の解釈に活かすことができ、モニ
ター型調査の利用可能性が広がることが期待できる。

（2）内閣府による調査

　内閣府は「世論調査におけるインターネット調査の活用可能性」に
関して「国民生活に関する意識について」の調査（2009 年 6 月）と
「社会意識について」の調査（2009 年 1 月）を行っています。

①　調査方法

　この「国民生活に関する意識について」の調査では、20 歳以上の
全国民を対象にインターネット調査では事前に登録したモニターの中
から 1,419 名、調査員が個別に面接して聴取する面接法では 6,252 名
（このうちインターネットを毎日利用する層は 2,180 名）について回
答を得た。

②　調査結果の概要

　調査手法の違いやインターネット利用の有無による違いについて
は、次のとおり。

・国民全般が共通した（受動的）意識をもつ設問や政策の方向性が
国民全体の中でほぼ一致するような設問については差異が小さい
（設問例：家族・知人友人問題、雇用・労働問題、高齢社会対策
など）。

・個人の志向に根ざした（能動的）意識をもつ設問や政策の方向性
にばらつきのあるような設問については差異が大きい（設問例：
生活の悩み、物価対策、住宅問題、交通安全対策など）。

③　インターネット調査利用の可否についてのまとめ

・現時点では世論調査がインターネット調査に直ちに置き換えられるだけの同意性は見られないが、設問内容によっては活用できる可能性が高い。

・インターネットの普及率がさらに高まり、技術的な問題が改善できれば将来において一部の設問については利用できる可能性がある。

6 インターネット調査での回答者の属性の偏り

インターネット調査では、従来型調査と比較すると、一般に回答者の属性に、次のような偏りがあるので、調査にあたって意識的に調整を行うことは必要です。

①　職業については、管理職、専門技術職、主婦の割合が高く、事務職、労務職の割合が低い。

②　未婚・既婚については、未婚の割合が高く、既婚の割合が低い。

③　住宅形態については、持ち家（戸建て）が低く、持ち家（集合住宅）や賃貸住宅（集合住宅）の割合が高い。

④　都市規模については、東京都区部や政令指定都市の割合が高く、小都市や町村の割合が低い。

⑤　勤務状況については、非正規従業員、労働時間の短い者、大企業勤務者の割合が多い。

⑥　そのほか、高学歴の者、不安・不満の強い者の割合が多い。

こうした回答者のなかでも、とくに女性の人数が多くなる傾向があります。それは、女性のほうが手紙やメールなどを書くことへの抵抗が少ないことや、比較的時間があること、回答に対する謝礼などに反応しやすいことなどがあげられます。また、年齢も20歳代から40歳

代は調査しやすいのですが、それ以外の年齢層では、代表性に注意が必要です。回答者の職業についても、平日昼間の調査では、主に次のような人の回答割合が比較的多くなる傾向があります。

　・日常的にパソコンを使用して仕事をしている人
　・システム開発などを行うエンジニア
　・パソコンを使用する専業主婦

　一方、回答割合が比較的少なくなる職業の人は、一般に次のとおりです。

　・主に外で仕事をする営業職、作業者
　・製造業（工場）、自営業者
　・公務員など勤務時間内のパソコンの私的利用を禁止されている者

　なお、インターネットの利用については、パソコンからスマートフォンやタブレット端末に時代の趨勢が移りつつあり、利用者の年齢層に広がりが見られるので、回答者の属性にも変化が生じています。

7　回答者に関するガイドライン

　社団法人日本マーケティング・リサーチ協会（JMRA）による「インターネット調査に関する品質保証ガイドライン」（2006年）によるとインターネット調査の回答者に関するガイドラインについて、次のように述べています（一部要旨）。

（1）回答者の募集・登録

　インターネット調査の回答者の登録は、次のように行う。

　・調査機関が訪問による面接法で抽出するなどの働きかけにより登録
　・インターネットで公募し、登録希望者の応募に対して抽出・登録

（2）回答者情報の公開

　次のような回答者に関する情報を一般に公開・明示することが必要である。

- ・回答者の抽出方法と手順
- ・回答者の基本属性の構成について
- ・多重登録やなりすまし登録を排除するための本人確認の方法
- ・回答者の品質の維持や向上を図るため回答者の更新情報
- ・登録した回答者数

（3）回答者の属性

　回答者を特定してインターネット調査を実施できるように、次の点に注意する。

- ・性別・年齢・居住地・職業などの基本属性によって回答者を特定できるようにする
- ・回答者の多重登録やなりすましを排除するために本人の身元確認方法（氏名・生年月日・住所・電話番号の重複チェック（名寄せ）、メールアドレスの確認、パスワード・メールアドレス・誕生日等の複数情報によるログイン、銀行口座など）を明確にして実施

8 インターネット調査に向く調査・向かない調査

（1）インターネット調査に向く調査

　20歳代から40歳代で一般的な日用品の消費行動や情報感度が高い層や情報収集意欲が高い者、インターネット利用度が高いヘビーユーザや情報感度の高い層に対する調査などはインターネット調査に向くことになります。

　インターネット調査に向くと思われる調査例をあげると、次のとおりです。

・インターネットやブロードバンドについてのヘビーユーザの利用
状況調査
・Webページに対する評価調査
・20歳代の女性に対する化粧品の利用状況調査
・30歳代のOLに対する日用品の利用状況調査
・日用品開発についてのニーズ調査
・就職活動を行う学生に対する就職意識調査
・電気製品などのデザインや機能についての意見収集
・自治体のサービス内容についての調査

（2）インターネットに向かない調査

　インターネット調査では、比較的インターネットを利用しない層、
たとえば、シルバー層や小学生層に対する調査は向かないことになり
ます。また、パソコンの所有や利用度との関連が深いゲームやディジ
タルカメラなどのディジタル関係の普及度の調査や、より統計的に厳
密や代表性が必要となるような世論調査などは向きません。

9　インターネット調査ならではの活用法

　インターネット調査が成長した背景には、インターネット環境の変
化があげられます。インターネットを利用する人口が飛躍的に増大
し、インターネット調査が社会の実態を知るという環境に大きく近づ
いてきたからです。そこで、ここでは他の調査方法では実施が難し
い、低コストで即時性の高いインターネット調査ならではの活用方法
を取り上げます。

（1）限定的な調査に効果

　インターネット調査では、回答者の抽出が比較的簡便であるという

特徴がありますので、回答者を限定したインターネット調査が可能です。たとえば、「Aという商品を使用している人」や「直近の2か月にBに行った人」などを対象とした調査です。このように対象となる回答者が限定されていると、面接調査や郵送法によるアンケート調査では回答者を捜すのに途方もないことになりますが、インターネット調査では可能となります。

（2）定期的調査が可能

インターネット調査では結果が直ちに得られるという特長を活かして、同じ内容の設問を1か月、1週間、毎日というように定期的に実施しようとするものです。これまでの調査方法では1年に1回程度しかできなかった調査が、より短い間隔で定期的に行うことが可能です。

（3）画像などを用いた調査が可能

インターネット調査では、画像を用いて説明を行い、それについて意見を回答してもらうような調査が可能となります。写真では他の調査方法でも可能ですが、動画となればインターネットの独壇場です。

10 インターネットを調査する

最近では、インターネットが盛んに利用されるようになり、人々の情報に対する行動やコミュニケーションにも多くの影響を与え、コミュニケーションメディアとしての役割を担うようになりました。そこで、インターネットにおける情報行動調査やインターネット利用に関する調査などインターネットそのものに対する調査を行うことがあります。これには、インターネットアクセス調査やインターネットログ分析、インターネットテキスト分析などがあります。

（1）インターネットアクセス調査

　現在では、多くの人がインターネットを利用していますが、インターネットに対してどのような行動をとっているかはさまざまで、なかなか把握しにくいものです。しかし、インターネットに対する行動について自動的に検知することも可能です。Web ページごとのアクセス件数は、Web ページ上にアクセス件数を数えるアクセスカウンタを置くことで計測できます。また、アクセス状態やトラフィック（ネットワークを流れる情報量）などを公開している組織もあります。

（2）インターネットログ分析

　インターネットに対するコミュニケーションの記録は、**ログ**（log）という形で残されています。ログは、もともとコンピュータの使用状態や処理について時系列的に記録したもので、コンピュータに障害が発生したときには復旧作業や原因究明の重要な手がかりになるものです。しかし、パソコンなどでインターネットを利用した場合のログには、入力したメッセージや Web メールの利用履歴などが記録されています。そこで、関係者の了解を得てこのログを分析すれば、コミュニケーションの形態や内容を調べることができます。

（3）インターネットテキスト分析

　インターネット上では、ブログ（ウェブログの略称で、日々更新される日記形式の個人用 Web ページ）やツィッタ（Twitter）などのように、主にテキスト（文字データ）によってコミュニケーションが行われています。そこで、日本語や英語の単語の出現頻度をカウントして、どのような言葉がどれほど使われているかを調べることができます。これを**テキストマイニング**といいます。

（4）データマイニング（data mining）

　インターネット上やデータベースに蓄積されている膨大なデータ（ビックデータ）のなかから、これまで見いだされなかった有用な傾向や相関関係、パターン、法則性などを掘り当てて、経営やマーケティングに活用しようとする手法があります。これを、**データマイニング**といいます。

11 よい調査の評価基準

　前述の独立行政法人労働政策研究・研修機構による調査報告書では、質の高い調査について、また、どのような調査がよい調査なのか、その調査の質についての分析・枠組みについて、次のように述べています。

（1）質の高い調査

　多様な調査法が並存するなかで、調査の質を測る指標となるのは、調査に含まれる誤差（調査対象母集団の真の姿と調査結果とのギャップ）の大きさである。誤差が小さくなるほど質の高い調査であるといえる。ただし、調査の目的によって必要とされる質は異なるので、求める調査の質と、費用、時間などのコストを勘案して最適な調査方法を選択することが重要である。

（2）「よい調査」の評価基準

①　最少のコストで必要な品質が得られること。
②　調査の正確さに関する情報が提示されること。
③　調査対象への適切な配慮がなされること。

12 インターネット調査に関する報告書など

　この章で取り上げたもののほか、インターネット調査を利用することが可能か否かについて、あるいはインターネット調査の品質向上についての主な報告書やガイドラインには、次のようなものがあります。

- ・一般社団法人日本マーケティング・リサーチ協会（JMRA：Japan Marketing Research Association）「インターネット調査品質ガイドライン」（2017 年）
- ・総務省「インターネットのサービス品質計測等の在り方に関する研究会」報告書（2015 年）

研 究 問 題

1．次の調査をインターネットを用いて行うことは適切でしょうか。その理由についても考えてみましょう。
- (1) パソコンの普及率調査
- (2) ディジタルカメラとフイルムカメラの普及率調査
- (3) インターネット接続形態の実態調査
- (4) 衆議院議員総選挙の政党別予想得票率調査（保守、革新別）
- (5) 企業経営者の世襲制への賛否調査
2．インターネット調査を行った報告書などを調べて、内容を簡単にまとめてみましょう。

第**7**章　調査情報を発掘する

1　アンケート調査の設計前の発掘調査

　アンケート調査を設計するためには、ムダな調査をできるだけ避けるため、調査しようとする分野についてすでにあるさまざまな情報を発掘調査しておかなければなりません。

　アンケート調査は、これまで研究者や専門機関において主に行われていましたが、現在では、パソコンやインターネットなどの情報を収集するための道具が発達し、普及したため、アンケート調査においてもこれまでのように多くの費用と手間あるいは高度の専門知識や技術を必要とすることが少なくなりました。しかし、アンケート調査が手軽にできるようになると調査が世の中に氾濫することとなり、情報が私蔵（死蔵）されたりすることで、なかなか活用されないことが多くなっています。

　また、最近ではプライバシーの意識が高まり、調査協力がなかなか得られず、調査拒否が増加しているために、回答率や有効回収率が低下する傾向が見られます。

　アンケート調査は、社会現象を解釈するための強力な手段となりますが、これはあくまでもまだ「明らかにされていない状況」を実証するものですから、調査の重複を避け、より活用度の高い調査結果を得るためにも、すでに存在するさまざまな情報について事前に発掘調査を行ったうえでアンケート調査の設計にのぞまなければなりません。

　調査研究では、膨大な情報が集積されている図書館が、従来から長

い間使用されてきました。図書館はやはり重要な情報の集積場所ではありますが、最近ではインターネットによる情報検索が容易になってきています。

2　図書館で発掘調査する

　図書館には、国立国会図書館をはじめ、都道府県・市区町村の図書館、大学図書館、小・中・高校の図書館、専門分野別図書館から児童図書館まで、さまざまなものがあります。

　国立国会図書館は、わが国最大の図書館で、国立国会図書館法に基づいてすべての出版物が納本・収蔵されています。国立国会図書館の所在地は、次のとおりです。

東京本館：〒 100-8924 東京都千代田区永田町 1-10-1

　　　　　　電話：03-3581-2331（代表）

　　　　　　最寄り駅：地下鉄有楽町線・半蔵門線・南北線「永田町」

関 西 館：〒 619-0287 京都府相楽郡精華町精華台 8-1-3

　　　　　　電話：0774-98-1200（代表）

　　　　　　最寄りの停留所：奈良交通バス「国立国会図書館」または「光台 1 丁目」

　国立国会図書館は、“図書館の図書館”として機能しているので、他の図書館と同列にはなりませんが、図書の閲覧もできます。ただし、一部（専門図書室）を除いてほとんどが閉架式で、図書の請求をしても手元に届くまでに時間がかかり、閲覧は館内だけに限られるため、使い勝手はあまりよくありません。しかし、最近では、インターネットを利用したサービスも行っていますので、利用者登録をしてユーザ ID とパスワードを取得すれば、所蔵図書を検索して、郵送複写サービスを受けることもできるようになっています。

　国立国会図書館の URL　https://www.ndl.go.jp

　国立国会図書館もよいのですが、手軽に利用できる図書館は、やはり地元の図書館や通学先の大学図書館ではないでしょうか。よく利用できそうな身近な図書館を1つ選び、館内がどのようになり、どのような蔵書があるのか、どのようなサービスが用意されているかなどを徹底的に調べておけば、かなり使いやすいものとなります。また、他の図書館と相互利用協定を結んでいる場合があるので、これも調べておくと便利です。

3 インターネットで発掘調査する

（1）WWW とブラウザで発掘調査

　インターネットは、さまざまなサービスを提供していますが、その代表的なものに **WWW**（world wide web）と呼ばれる情報システムがあり、Web ページの閲覧などができます。〔**→章末の「コラム・WWW の Web ページ」参照**〕

　WWW では、情報（Web ページ）を見るために**ブラウザ**と呼ばれるソフトウェアを使用します。ブラウザは、インターネットを通じて、企業や学校などに設置されている WWW サーバと呼ばれる情報提供サービスを行うコンピュータに接続して情報を取り出します。WWW サーバが情報源であるのに対して、ブラウザは情報を取り出す手段ということになります。

　Web ページは、文字や画像、音声などが組み合わされた形式の情報で、ブラウザを使用して見ることになります。

　Web ページのなかに、下線つきや他と異なる色の文字などで表示されている箇所は、そこがリンクであることを示しています。リンクは他の Web ページと結びつけるもので、このリンクの部分にマウスポインタをもっていくと、画面の下部にリンクの指定する「番地」が示されます。この状態で選択（マウスをクリック）すると、画面が切

り替わって指定された番地の Web ページが表示されます。Web ページでは、このように文書の任意の場所に他の文書の位置情報（ハイパーリンク）を埋め込むことによって複数のページが相互に関連づけられ、その関連をたどることによって情報を幅広く取り出すことができるようになっています。このようなシステムを**ハイパーテキスト**（hypertext）と呼んでいます。

　Web ページのある場所を示す「番地」が **URL**（uniform resource locator）です。ＵＲＬは、プロトコルと呼ばれるアクセスの手順、Web ページを記憶しているファイルが置かれているサーバやファイルの位置を示しています。Web ページが画面に表示されるときには、WWW ブラウザのアドレス欄にこのＵＲＬが必ず表示されるようになっています。

（2）検索エンジンで発掘調査

　Web ページに組み込まれたリンクを次々とたどって見ていくことは、どのような情報があるかを漠然と眺めるにはよい方法でありますが、特定の事柄について調べたい場合にはあまり効率的とはいえません。また、インターネットは、管理している組織や団体もなく、情報量も膨大ですから、どこにどのような情報があるかを一覧することもできません。そこで、どのような Web ページがあるかを検索する**検索エンジン**（search engine）のソフトウェアが用意されています。

検索エンジンには、提供する企業などによっていくつかの種類があり
ますが、検索エンジンによって、検索できる情報の量や質が異なり、
複数の検索エンジンを使いこなすことで、インターネットでの情報収
集が効率的になります。

　検索エンジンの利用では、キーワード（key word）の入力欄に直
接探したいものをあらわす単語を入力すると、指定した単語が含まれ
ている Web ページが探し出されます。そこで、これを**キーワード検
索**と呼ぶこともあります。1 つの単語だけではたくさんの Web ペー
ジが該当してしまうような場合、2 つあるいは 3 つと入力する単語数
を増やします。入力する単語数が多くなれば、それだけ検索する
Web ページが絞り込まれることになります。また、検索にあたって
は、必要に応じて「and」や「or」を使用します。ただし、単に単語
を羅列した場合は、「and」を使用したことと同じになります。

and	および、かつ
or	または

　検索エンジンの利用では、世界中の Web ページを**検索ロボット**
（search robot）と呼ばれるソフトウェアが自動的に調べるので、と
くに登録していない Web ページも検索できます。

（3）インターネット情報は信頼できるか

　1 対 1 で対面したり、電話のような場合、疑問があれば質問した
り、何度も意見をかわすことで、情報の送り手と受け手との理解の不
一致を少なくすることができます。しかし、新聞、テレビ、ラジオ、
雑誌などのようなマスメディアでは、ふつう意見をかわすというよう
な手段があまりないため、送り手であるマスメディア側が送った情報
がどの程度真実であるかは、その表現だけではわからず、確認もでき
にくいです。極端な場合には、受け手を自分の都合のよいように操作
しようとして、送り手に都合のよい情報だけを送り、都合の悪い情報

は伝えないというような偏った情報の送り方をすることがあるかもしれません。

　故意による情報の操作や正しくない情報の伝達によって、誤った判断をしないようにするためには、情報伝達の特徴を理解し、複数の情報によって情報を比較するなど、信頼性のある情報を得られるように常に注意を払うことが必要です。

　WWWにおけるWebページには、次のような特徴があります。

・マスメディアのように、情報の送り手と受け手の関係は「一対多」の一方通行である。

・Webページは、送り手が1人で自分の自由に内容を作成することができる。

・Webページによる情報の発信は、低コストで世界中に対して行うことができる。

　WWWは、情報収集を広い範囲から手軽に行うことができますが、いくつかの問題点があることがわかります。マスメディアであれば、一般に組織として情報の妥当性をチェックしたり、社会性も高いために受け手の評価も厳しいという面がありますが、Webページの作成者が1人というように限定されているような場合には、必ずしも内容のチェックが十分でないことが多いです。たとえ内容に問題があったとしても、それを送り手が無視すれば訂正させることもできません。また、もしも意図的に情報操作をしようとしていた場合でも、これを強制的にやめさせることもできません。

　私たちは、Webページの内容を直ちに信じてしまうのではなく、重要な事項については、情報の信憑性について、次のような確認を行う必要があります。

・情報の発信源が信頼できるかどうかを確認する。

・別のWebページや新聞・雑誌など、ほかの手段でも確認する。

4 先行研究にアクセスしてみる

　先行研究について調査しておくことは、自らの調査や研究に大いに役立ちます。ここでは先行研究を調べるための主な機関や方法などについて取り上げます。なお、ここであげた URL は、当該機関の都合で変更されることがありますので注意が必要です。

① 社会学文献情報データベース（Bibliography of Japanese Sociology Database）　URL　https://jss-sociology.org/db/document/

　社会学文献情報データベースは、日本社会学会が運営するデータベースです。日本において発表された、あるいは、日本の研究者が発表した社会学関連の文献の書誌情報を収録したもので、11 万件以上の文献情報が収録されています。「社会学文献目録」など既存の社会学関連文献目録に掲載された書誌情報を収録しているほか、日本社会学会会員・関連学会会員による自己申告により断続的に文献情報を収集・収録しています。また、社会学関連の雑誌・紀要に掲載された文献など、社会学関連の文献情報も網羅的にデータベースに収録しています。

② 国立情報学研究所（NII：National Institute of Informatics）　URL　https://www.nii.ac.jp

　国立情報学研究所は、学術情報の収集、整理および提供ならびに学術情報および学術情報システムに関する総合的な研究および学術情報システムに関する総合的な研究および開発を行うこと目的として1986 年に設置された大学共同利用機関の学術情報センター（NACSIS）を前身としています。

　国立情報学研究所は、文献・学術情報に関する多種多様なデータベースや検索システムを提供しています。たとえば、全国の大学図書

館等が所属する図書・雑誌の横断的な検索、学術論文、図書・雑誌、研究成果概要など多様な学術情報の統合的な検索、複数の海外電子ジャーナルを横断的に検索し、抄録などを無料で閲覧することなどができます。

③　J-STAGE（科学技術情報発信・流通総合システム）

　　　URL　https://www.jstage.jst.go.jp/browse/-char/ja/

　J-STAGE は、独立行政法人科学技術振興機構（Japan Science and Technology Agency）が運営するサイトで、日本の学会等が発行する学会誌、論文誌の発行を電子化してインターネットで公開するものです。

5　統計情報にアクセスしてみる

　調査・研究においては、文献研究だけではなく既存の統計情報を加工・分析することによって行うことができないかを検討する必要もあります。次のような統計情報を調べ、それに手を加えることで研究目的を達成することができる場合があります。そうすれば、あらためて調査を行う必要がなくなることになります。

（1）公的統計の体系

　国の行政機関や地方公共団体などが作成する統計を**公的統計**といい、そのうち特に重要な統計として位置づけられているのが**基幹統計**です。

①　基幹統計

　基幹統計には、次の国勢統計や国民経済計算などがあります。

・国勢統計 … 日本に居住している者などについて、人および世帯について全数調査を行う統計です。10 年ごとに行いますが、5 年目には簡易な方法によって行います。

・国民経済計算 … 国際連合の定める国際基準に準拠して定められた作成基準に基づいて、毎年少なくとも 1 回作成しなければならない統計で、日本経済の全体像を体系的にあらわしたものです。

② 国が行う統計調査

　国の行政機関が行う統計調査は、調査が重複しないようにして調査負担を軽減し、統計を体系的に整備するために総務大臣が統計調査の審査・調整を行います。統計調査は、統計の作成を目的として、個人や法人などに対して事実の報告を求める調査で、基幹統計を作成するための**基幹統計調査**と、それ以外の**一般統計調査**とに分けることができます。なお、ここでいう統計調査は、人の意見や意識などの事実に該当しない項目を調査する世論調査などは含まれません。

（2）主な統計調査

　国の行政機関などが行う主な統計調査について、次のような報告があります。なお、下記の「所蔵」で（　）内に示してある番号は、国会国立図書館の請求記号です。これは、検索などにも役立ちます。

① 代表的な統計調査

・『国勢調査報告』総務省統計局

　　所蔵：（DT221-G276 など）1920+

　　URL　https://www.stat.go.jp/data/kokusei/2020/index.html

・『事業所・企業統計調査報告』総務省統計局

　　所蔵：（DT352-H75 など）1972+

　　2009 年からは『経済センサス』に統合されています。

　　　URL　https://www.stat.go.jp/data/index.html

・『労働力調査年報』総務省統計局

　　所蔵：（EL19-11 など）1976-1984/（Z41-823）1985+

　　URL　https://www.stat.go.jp/data/roudou/report/index.html

・『小売物価統計調査年報』総務省統計局

　　　所蔵：（Z41-829 など）1962+

　　　URL　https://www.stat.go.jp/data/kouri/index.html

・『家計調査年報』総務省統計局

　　　所蔵：（Z41-798 など）1953+

　　　URL　https://www.stat.go.jp/data/kakei/index.html

・『学校基本調査報告書』文部科学省生涯学習政策局

　　　所蔵：（Z41-729 など）1951+

　　　URL　https://www.mext.go.jp/b_menu/toukei/chousa01/
　　　　　　kihon/1267995.htm

・『人口動態統計』厚生労働省大臣官房統計情報部

　　　所蔵：（Z41-538 など）1899+

　　　URL　https://www.mhlw.go.jp/toukei/list/81-1.html

・『賃金構造基本統計調査報告』厚生労働省大臣官房統計情報部

　　　所蔵：（EL19-G16 など）1964+

　　　URL　https://www.mhlw.go.jp/toukei/itiran/roudou/chingin/
　　　　　　kouzou/detail/

・『工業統計表』経済産業省経済産業政策局調査統計部

　　　所蔵：（Z41-493 など）1909+

　　　URL　https://www.meti.go.jp/statistics/tyo/kougyo/index.html

・『消費動向調査年報』内閣府経済社会総合研究所

　　　所蔵：（Z41-573 など）1978+

　　　URL　https://www.esri.cao.go.jp/jp/stat/shouhi/menu_shouhi.
　　　　　　html

・『国民栄養の現状』『国民健康・栄養調査報告』厚生労働省健康局

　　　所蔵：（Z41-575 など）1950+

　　　URL　https://www.mhlw.go.jp/bunya/kenkou/kenkou_eiyou_
　　　　　　chousa.html

・『特定サービス産業動態統計月報』経済産業省経済産業政策局調査

　　統計部

　　所蔵：（Z3-2535）1988+

　　URL　https://www.meti.go.jp/statistics/tyo/tokusabido/index.
　　　　　html

・『農業構造動態調査報告書』農林水産省大臣官房統計情報部

　　所蔵：（DT421-H19 など）1961+

　　URL　https://www.maff.go.jp/j/tokei/kouhyou/noukou/

・『出入国管理統計年報』法務省大臣官房司法法制部

　　所蔵：（Z41-648 など）1961+

　　URL　http://www.moj.go.jp/hakusyotokei_index.html

・『社会医療診療行為別統計』厚生労働省大臣官房統計情報部

　　所蔵：（Z41-M427 など）1955+

　　URL　https://www.mhlw.go.jp/toukei/list/26-19.html

・『住民基本台帳人口移動報告年報』総務省統計局

　　所蔵：（Z41-824 など）1954+

　　URL　https://www.stat.go.jp/data/idou/index.html

② 　各省庁の主な統計

　　各省庁の統計に関する主な情報は、次のサイトで閲覧できます。

内閣府（https://www.esri.cao.go.jp/index.html）

総務省（https://www.stat.go.jp/data/index.html）

警察庁（https://www.npa.go.jp/publications/statistics/index.html）

総務省統計局（https://www.stat.go.jp/data/index.html）

法務省（http://www.moj.go.jp/housei/toukei/toukei_index2.html）

外務省（https://www.mofa.go.jp/mofaj/toko/tokei/index.html）

財務省（https://www.mof.go.jp/statistics/）

国税庁（https://www.nta.go.jp/publication/statistics/index.htm）

文部科学省（https://www.mext.go.jp/b_menu/toukei/main_b8.htm）

厚生労働省（https://www.mhlw.go.jp/toukei/itiran/）

国立社会保障・人口問題研究所（http://www.ipss.go.jp）

農林水産省（https://www.maff.go.jp/j/tokei/index.html）

水産庁（https://www.jfa.maff.go.jp/j/kikaku/toukei/index.html）

林野庁（https://www.rinya.maff.go.jp/j/kouhou/toukei/index.html）

経済産業省（https://www.meti.go.jp/statistics/index.html）

資源エネルギー庁

　（https://www.enecho.meti.go.jp/statistics/）

中小企業庁

　（https://www.chusho.meti.go.jp/koukai/chousa/index.html）

国土交通省

　（https://www.mlit.go.jp/statistics/details/index.html）

海上保安庁（https://www.kaiho.mlit.go.jp/info/tokei/index.htm）

運輸安全委員会（https://www.mlit.go.jp/jtsb/index.html）

環境省（https://www.env.go.jp/doc/）

裁判所〔司法統計〕（https://www.courts.go.jp/app/sihotokei_jp/
　search）

6　「政府統計の総合窓口」を利用してみる

　政府では、これまで統計に関係するデータベースや調査システムなどを各府省が個別に整備してきました。しかし、効率的なシステム投資や業務の効率化を図るため、統計調査などの業務を集約し、整備して、各府省が登録した統計データ、公表予定、新着情報、調査票項目情報などの各種統計情報をインターネットで利用できるようにしています。これを「**政府統計の総合窓口（e-Stat）**」といい、次の URL で参照できます。

　ＵＲＬ　https://www.e-stat.go.jp

　このシステムは、総務省が中心となって整備したもので、その主な

特徴は次のとおりです。

政府統計の総合窓口（e-Stat）の主な特徴

○統計データを探す

　①すべて…政府統計一覧の中から探す

　②分野…17の統計分野から探す

　③組織…統計を作成した府省等から探す

○統計データを活用する

　①グラフ…主要指標をグラフで表示する

　②時系列表…主要指標を時系列表で表示する

　③地図…地図上の統計データを表示する

　④地域…都道府県、市区町村の主要データを表示する

第7章

政府統計の総合窓口（e-Stat）のトップページ

091

研 究 問 題

1．国立国会図書館にアクセスをして、「テーマ別調べ方案内」からテーマ「社会」を選び、「統計の調べ方」を調べてみましょう。
2．社会学文献情報データベースにアクセスをして興味のある論文を閲覧してみましょう。
3．国勢調査から日本の人口および人口増減率の推移を調べてみましょう。

WWW の Web ページ

　WWW は、ワールドワイドウェブ（world wide web：世界中に網の目のように広がったクモの巣）を略したもので、単に Web とも呼ばれ、インターネット上で情報のやりとりを行うものです。WWW では、受け取ることができる情報の単位を Web ページといいます。Web ページをホームページということがありますが、ホームページは本来最初に表示されるページのことです。

第 8 章 アンケート調査をどう進めるか

1 アンケート調査の手順

　アンケート調査は、量的調査のなかで最も広く用いられている代表的な方法で、多くの社会事象を客観的かつ適切に把握することができる優れた手段です。その手順は、次の図のとおりです。

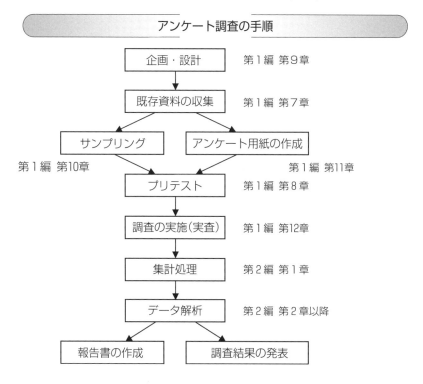

アンケート調査の手順

企画・設計　　　第1編 第9章

既存資料の収集　　　第1編 第7章

サンプリング　　　アンケート用紙の作成

第1編 第10章　　　　　　　　　第1編 第11章

プリテスト　　　第1編 第8章

調査の実施(実査)　　　第1編 第12章

集計処理　　　第2編 第1章

データ解析　　　第2編 第2章以降

報告書の作成　　　調査結果の発表

第8章

093

2 アンケート調査はこのようにして進める

（1）企画・設計をする

　アンケート調査を行うためには、はじめに調査テーマなどを明確にしておかなければなりません。調査テーマは具体的であるべきですが、問題の関心にしたがって大まかに「○○について」というようなものでも構いません。ただし、アンケート調査は、代表的な量的調査ですから、多くの人たちが共通してもっている、状態、行動、態度、意識などで、人によってその内容が少しずつ変わるような事柄がテーマとして適しています。反対に、特定の限られた条件が当てはまる人や集団に関するものについては、アンケート調査のテーマには適しません。企画・設計については、「第1編・第9章」で詳しく取り上げます。

（2）既存資料を収集する

　具体的な調査計画が設定できたら、決定した調査テーマなどに関する既存の資料を収集しておきます。たとえば、総務省統計局や内閣官房が発行する「日本統計年鑑」「日本統計月報」「日本の統計」「全国消費実態調査」「世界の統計」などの統計あるいは「国民生活白書」「青少年白書」「警察白書」「情報化白書」「高齢社会白書」「レジャー白書」などの白書があります。このほか、新聞社の発行する各種資料や団体の発行する各種報告書などについても調べておきたいものです。また、最近ではインターネットからデータ検索ができる場合も多いので利用するとよいでしょう。

（3）サンプリングについて決める

　調査対象となる母集団が大きい場合には、一部を抽出して全体の値

を推定するサンプリングを行います。サンプリングは基本的には無作
為抽出法によります。サンプリングについては、「第1編・第10章」
で詳しく取り上げます。

（4）アンケート用紙を作成する

　アンケート調査では、**アンケート用紙**そのものが調査テーマに沿っ
て適切につくられていなりれば、よい調査を行うことができないのは
当然のことです。アンケート用紙は、質問事項を並べて作成します
が、質問の量や質問の順序、バランスなどを配慮して設計しなければ
なりません。アンケート用紙は、あくまでも回答者が回答しやすいよ
うに作成することが重要です。アンケート用紙の作成については、
「第1編・第11章」で詳しく取り上げます。

（5）プリテストをする

　アンケート用紙ができても、それをすぐに実施するには危険があり
ます。そこで、実際に試してアンケート用紙の内容が適切であるかど
うかを確かめなければなりません。これを**プリテスト**（pretest）と
いいます。

　プリテストと似たものに**予備調査**（pilot survey）があります。プ
リテストは質問内容や文章などの適否を調べるものですが、予備調査
は本調査に先行して小規模に実施し、調査地域、調査対象、標本数な
どを把握しようとするもので、本質的に異なるものです。

（6）アンケート調査を実施する

　アンケート用紙が完成し、サンプリングが終われば調査を実施しま
す。これを**実査**ともいいます。調査にあたっては、アンケート用紙を
誰が記入するのかを決めます。調査員が回答者から回答を聴き取って
記入（他記式）するのであれば面接法や電話法が、回答者自身で記入

第8章

（自記式）するのであれば留置き法、郵送法、集合法などが適しています。

①　調査方法の選択

調査方法の選択にあたっては、回収率、調査の信頼性、コスト（人・時間を含む）を考慮することが重要です。

これをまとめると、次のとおりになります。

調査方法	回収率	信頼性	コスト
面接調査	◎	◎	△
留置き調査	○	○	○
郵送調査	×	○	◎
電話調査	○	△	○
集合調査	◎	◎	○

（注）◎は優れている、○はやや優れている、△はやや劣る、×は劣る

②　調査の依頼

郵送調査でアンケート用紙を送るなど、調査を依頼する場合には、調査を依頼するあいさつ状を添付することが必要です。

アンケート調査の実施については、「第1編・第12章」で詳しく取り上げます。

（7）集計処理とデータ解析

調査で得られたデータはコンピュータに入力して処理することになります。その際、調査で回答された記号や言葉は、入力しやすいように簡単な数値や記号に変換（コード化）してコードを入力します。たとえば、「性別」で「男性」を「1」、「女性」を「2」と置き換えるようなことです。

また、アンケート用紙の調査項目のなかには、未回答の項目があったり、マークシートであれば読み取れない項目がある場合があります。これらは欠損値として、あらかじめ取り扱いを決めておくことが

必要です。

　データをコンピュータに入力し、集計ができればこれを解析します。データの集計処理とデータ解析については、「第2編」で詳しく取り上げます。

（8）報告書の作成と調査結果の発表

　調査データの多くはコンピュータを使ってデータ解析が行われます。これによって、さまざまな解析結果が示されますが、これが直ちにアンケート調査の目的とはなりません。解析結果はさらに解釈し、報告書としてまとめ上げ、結果を公表することが基本となります。

　なお、報告書のなかで、ほかで実施した調査の結果を利用した書籍や論文などを引用しているときには、その文献の所在だけではなく、その文献中で行っている考察についての妥当性を示す客観的な根拠（統計学を用いた有意性など）を提示しておかなければなりません。

　また、報告書で示した調査をさらに別の調査主体が追調査できるようにするため、調査に関する各種のデータも明示しておくことが必要です。このようにすることが、行った調査の客観性を高め、信頼を得ることにもなります。

第8章

研 究 問 題

1．調査票の記入が他記式であるか自記式であるかによって、アンケート用紙の質問文の書き方と構成に、どのような違いがあるかをまとめてみましょう。
2．今あなたが関心をもっている調査テーマをいくつかあげてみましょう。

第9章　企画・設計を行う

1　調査テーマを設定する

　ISO（国際標準化機構）は、プロジェクトの管理・改善の手法として **PDCA サイクル**について定めています。これは、プロジェクトにおいて、次の図に示すように、Plan（計画の立案）、Do（実行）、Check（結果の点検、調査）、Action（計画活動の改善・見直し）、そして次の Plan へ反映させる、という4つのサイクルを継続して行うものです。

PDCA サイクル

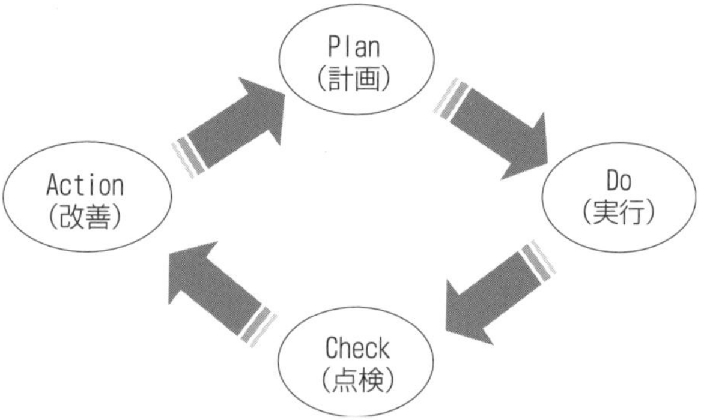

　そこで、これから行おうとしている調査が、このような PDCA サイクルのどの段階に位置づけられているかを考え、それに応じて調査テーマを設定するとわかりやすくなります。

①　Plan（計画の立案）

　ここでは、課題を見つけ出したり、仮説を設定したりするような調査が当てはまります。たとえば、地域人口の動向、市場の動向、消費者の嗜好の変化などの調査があります。

②　Do（実行）

　ここでは、実態について詳しく説明するための調査が当てはまります。たとえば、商品の売上状況、サービスの利用実態、施設の利用状況などの調査があります。

③　Check（結果の点検、調査）

　ここでは、結果や効果を測定する調査や、原因とそれによって生じる結果との関係（因果関係）を検証するための調査が当てはまります。たとえば、費用対効果についての調査、売上減少についての原因調査、顧客の満足度調査などの調査があります。

④　Action（計画活動の改善・見直し）

　ここでは、将来を予測するような調査や意思決定に役立てるための調査が当てはまります。たとえば、商品の販売見込み、広告の効果予測、デザインの受容予測などの調査があります。

2　調査の実施計画について検討する

　調査テーマを明確にしたならば、次の事項についても整理し、検討することが必要です。

①　調査対象者を検討する

　調査の対象とする個人の性別、年齢、年収、職業などの属性や条件を決め、どのようなリストから調査対象者を選出するかについて検討します。

②　調査地域を検討する

　調査目的や調査テーマ、予算などを考慮して、対象とする調査地域

について検討します。面接調査のように調査対象者に面接を行うような調査の場合、広域の地域を対象とすると、非効率で費用もかかってしまいます。

③　調査期間を検討する

調査は、予定もなく長々と行っていたのでは非効率です。企画・設計段階で、あらかじめ開始と終了時期について設定しておくことが望まれます。いつまでに調査結果が必要かというように、終了予定を設定すれば、これを逆算して開始時期が決まります。

調査ステップごとの所要期間の目安をあげると、次のとおりです。

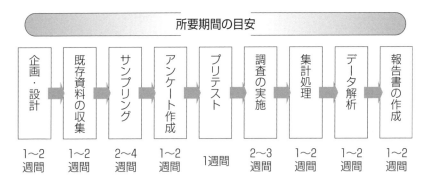

	所要期間の目安							
企画・設計	既存資料の収集	サンプリング	アンケート作成	プリテスト	調査の実施	集計処理	データ解析	報告書の作成
1〜2週間	1〜2週間	2〜4週間	1〜2週間	1週間	2〜3週間	1〜2週間	1〜2週間	1〜2週間

④　調査費用を積算する

アンケート調査を行う場合の費用は、調査会社に委託するのかしないのかによって大きく異なります。委託する場合、調査会社は、原価を算出して、それに諸経費を加えた金額を見積もります。委託しない場合には、標本数、サンプリングの方法、調査方法などに関する費用を積み上げて見積もります。

主な積算項目の例をあげると、次ページのとおりです。

経　費	内　　　訳
会議費	時間で換算することが多い
人件費	アルバイトであれば「日給×日数＋交通費」の人数分、調査員手当など
資料費	資料購入費、コピー代など
印刷費	ワープロ代、印刷代など
文房具	カウンタなどの調査用具、筆記用具など
会場経費	説明会や調査で会場を使用した場合のパソコン・プロジェクタ・会場費など
謝　礼	回答者への謝礼品・謝礼金など
募集費	回答者募集広告費、紹介料など
交通費	電車・バス・タクシーなど交通費の実費精算
通信・連絡費	郵送費、宅配便代、電話代など
データ入力費	データ入力会社に委託する場合
分析費	データ集計やデータ解析を専門会社に委託する場合

研 究 問 題

　PDCA サイクルは、どのようなところで、どのように利用されているかを調べて、その場合の PDCA に対応した調査テーマをあげてみましょう。

第9章

第10章　サンプリングについて決める

1　全数調査とサンプリング調査

　全数調査は**悉皆調査**ともいい、調査対象の全数について調査するものです。これに対して、**サンプリング**（sampling）**調査**は**標本調査**ともいい、全体から一部を取り出して調査分析し、全体を推定しようとするものです。調査対象となる全数を**母集団**（population）といい、抽出された調査対象者を**サンプル**（sample）または**標本**といいます。サンプリング調査では、母集団から**サンプリング**（**標本抽出**）して、サンプル（標本）から全体を推定（**母集団推定**）します。今日実施されているほとんどの調査はサンプリング調査です。たとえば、ある都市の住民の意識を調査しようとする場合、その住民の全数を調査するのは大変なことです。そこで、一部の住民（標本）の意見を調べて、その都市の住民全体の意識を推定しようとするのがサンプリング調査です。

2　サンプリングにはどのような方法があるか

　サンプルの抽出の方法は、次に示すように、主に無作為抽出法と有意抽出法に分けられます。

無作為抽出法		サンプルを無作為になるように抽出
有意抽出法	典型法	母集団の特性に近いサンプルを抽出
	割当法	母集団を基本的属性によって分け、それぞれから抽出

（1）無作為抽出法

　無作為抽出法（random sampling）は、**ランダム・サンプリング**と
もいい、サンプルをもとにして直接には観測していない母集団につい
て推定するための客観的な抽出方法です。**ランダム**（random）と
は、「偶然の」「でたらめ」「規則性のない」などの意味をもちます
が、ランダム・サンプリングを「でたらめに対象者から選ぶ」という
のは誤りです。むしろ「計画的に秩序づけられた抽出法」であると理
解することが必要です。たとえば、「サイコロを振る」「乱数表を利用
する」「クジによる」など調査対象のすべての要素が完全に等しい確
率でサンプルになるように母集団から抽出しなければなりません。
〔→章末の「コラム・混ぜるということ」参照〕

（2）有意抽出法

　有意抽出法（purposive sampling）は、母集団をよりよく代表する
ようなサンプルを調査者が意図的または恣意的に選び出す方法で、主
に典型法と割当法があります。

① 　典型法

　典型法（typical sampling）は、調査対象の特性の典型的な範囲を
意図的にサンプリングする方法です。

② 　割当法

　割当法（quota sampling）は、調査項目と関係が深いと思われる性
別、年齢、地域、人種などの基本的な属性によって母集団を分け、そ
れぞれの集団ごとに大きさに応じてサンプリングする方法です。

3 無作為抽出法の種類

（1）単純無作為抽出法

　単純無作為抽出法は、単純ランダム・サンプリングともいい、無作

第
10
章

為抽出法の基本となるもので、調査対象となるすべての要素が完全に等しい確率で抽出できる可能性をもつようにしなければなりません。

　たとえば、次のような方法によって偶然にまかせて抽出するようにします。

　　・サイコロを振る

　　・番号のクジを引く

　　・乱数表を利用する

　たとえば、ある企業の社員1,000人のなかから単純無作為抽出法によって50人の標本を選ぶとすると、次のようになります。

①社員名簿の社員1人ひとりに1から1,000の番号を順番につける。

②乱数表を用意する（乱数表は2桁のものが多いが、4桁の数字が必要な場合には隣接する2つの2桁の数字を合成して4桁の数字にして利用する）。

③乱数表のどの行のどの列から数字を使うかはクジやサイコロを振るなどして決める。

④乱数表から1,000を超える数字を除いて、順次、乱数表と同じ数字を社員名簿から選んでいく。

　このほか、乱数表のかわりに0から9の数字が2組記入された正20面体のサイコロを使って4桁の数字を得る方法もあります。

　単純無作為抽出法は、全体を代表する標本をまんべんなく抽出するので精度の高い方法ですが、標本の数だけ乱数を引くので大変です。

（2）系統抽出法

　単純無作為抽出法では、乱数表から得られた数字と、名簿につけた数字とを、1つずつ対応させて選ばなくてはならないため、数多くの標本が必要な場合、手間がかかることになります。そこで、名簿など

から最初の標本を乱数表やサイコロで選び、2 番目以降の標本は一定間隔（インターバル）で機械的に抽出する方法があります。これを**系統抽出法**または**等間隔抽出法**といいます。選ぶ間隔は任意の数でもよいですが、一般に母集団を標本数で割った値か、それに近い素数（3,7,11,13,17……）を用います。手間がかからないということからいえば、この系統抽出法が便利です。しかし、単純無作為抽出法より精度は劣ります。また、名簿などの並び方に規則性がある場合には、特定の性質の標本だけが多く選ばれる可能性があります。

（3）多段抽出法

　単純無作為抽出法や系統抽出法は、母集団を名簿にすべて記載して、それに一連の番号をつけておくのが前提です。しかし、調査対象が首都圏のような広範囲であれば、名簿を得ることは困難です。このような場合であっても、郵便や電話による調査は比較的容易に実施できます。これに適した抽出法が**多段抽出法**です。

　この場合、広い範囲のなかから、まず市町村を無作為に抽出し、続いて丁目・大字（町村内の区画の名）・選挙区などを抽出して、さらにそのなかからそこに住む住民を無作為に抽出します。このとき、選ぶ市町村を第一段階の抽出単位、丁目・大字・選挙区を第二段階の抽出単位、さらに標本となる住民を第三段階の抽出単位と呼びます。この抽出法は、全国レベルのほとんどの面接調査で利用されています。ただし、多段階抽出法は、抽出する段階が多くなるほど精度が悪くなるので、できるだけ抽出する段階を少なくすることが必要です。

（4）層化抽出法

　単純無作為抽出法には、確率の面から一定の標本誤差が発生します。そこで、調査項目に関係する重要な指標の場合、調査項目にあわせて、母集団をいくつかの層に分け、それぞれの層に標本数を割り振

る**層化抽出法**を用います。各層の標本の抽出には多段抽出法を利用することが多いです。

　層化の基準としては、たとえば、調査地点のレベルでは「地域」「市町村」「産業別」、個人のレベルでは「居住地」「性別」「年齢」「職業」などがあります。〔→章末の「コラム・アメリカ大統領選挙に見るサンプリングの重要性」参照〕

4　そのほかのサンプリングの方法

　よく利用される無作為抽出法のほか、特別な方法にエリアサンプリング、タイムサンプリング、RDD、プラス1があります。

（1）エリアサンプリング

　訪問して調査する場合、対象者リストがないとき、一軒一軒の戸主が記載された住宅地図をサンプリング台帳として利用することがあります。この方法を、**エリアサンプリングまたはランダムウォーク**といいます。住宅地図は、全国を網羅していて、ディジタルデータも整備され、市販もされています。住宅地図の利用は、たとえば、集合住宅、一戸建て、庭のある家などの条件からある対象者を捜すのには便利です。また、乱数表を用いて地図帳からあるページを選び、次にスタート住宅を無作為に選び、右回りに訪問します。このとき、間隔（インターバル）を2軒や5軒などに決めます。

　エリアサンプリングでは、対象者リストがなくても訪問先を決められますが、訪問先が対象者を選定する条件に合っているかどうかはわかりませんし、在宅しているとも限りません。したがって、サンプリングは、在宅率の高い対象者に偏る可能性があることに注意しなければなりません。

（2）タイムサンプリング

　タイムサンプリングは、通行人や来場者を一定間隔で抽出して依頼する方法です。たとえば、道路の通行人 20 人ごとの 1 人に対して調査依頼をする方法です。母集団がわからないので、抽出率は算出できませんが、サンプル数を多くしたり、抽出間隔を正確にしたりして、サンプルに代表性をもたせるようにします。

（3）RDD

　RDD（Random Digit Dialing）は、電話調査に用いられるサンプリング方法で、その地域の電話番号と同じ桁数の番号を乱数で発生させて電話番号をつくり、そこに電話をかける方法です。実際には、RDD 対応のソフトウェアがありますので、電話番号作成から自動ダイアルまでパソコン上で行われるのがふつうです。電話帳は必要としませんが、母集団の数が不明です。

（4）プラス 1

　プラス 1 も、電話調査に用いられるサンプリング方法です。これは、電話帳から抽出した電話番号の最後の 1 桁の数字に、1 〜 9 を加算または減算して電話番号をつくる方法です。電話帳に無記載の世帯も調査の対象にすることができます。

5　標本の数はどのようにして決めるか

（1）正規分布による場合

　正規分布は**ガウス分布**ともいい、次ページに示すように、平均のところが最も高い左右対称の釣り鐘型の分布です。たとえば、ある期間中に生まれた子どもの知能指数の分布や成年男子の身長の分布は、この正規分布になることが知られています。

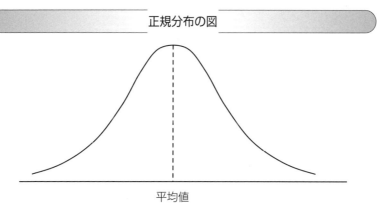

正規分布の図

平均値

　テストの成績は、ふつう正規分布になるとみなしています。しかし、データが正規分布になるかどうかはわからないとしても、集団が十分に大きく、そこから抽出した標本数がある程度大きければ「正規分布にしたがう」とみなして解析できます。この場合の標本数がどのくらい大きければよいのかは定められているわけではありませんが、標本数を n とすると n ≧ 50、n ≧ 30、n ≧ 25 などさまざまにいわれています。しかし、n ≧ 20 でも大きく外れることはなく実用上では 1 グループ n ≧ 30 程度と考えられています。たとえば、年齢が 10 歳代・20 歳代・30 歳代・40 歳代・50 歳代・60 歳以上の 6 区分での調査とすると、180 人（30 人× 6 区分）が必要となります。この調査をさらに男女別にすれば、360 人（180 人× 2）が必要となります。しかし、この場合、各年代の人数は最低水準ですので、人口構成比から見て人口の多い年代を考慮して、その年代の標本数を増やすと 500 人程度が必要となります。

（2）サンプリング誤差による場合

　標本数が多くなるほど誤差は少なくなります。しかし、標本数を多くすれば調査費用がかさむので、誤差をどこまで許容するかは、調査費用との関係で決めることが多くなります。標本数からの誤差を**サン**

プリング誤差または**標本誤差**といいます。

① サンプリング誤差を求める

　ある回答のパーセント（回答比率）を p、標本数を n とすると、誤差の範囲は標本数の平方根 $\sqrt{n}$ に反比例して小さくなっていくことになり（たとえば、n が 4 倍になると誤差は 1/2 になる）、サンプリング誤差は、次のようにして求めることができます。

$$\text{サンプリング誤差} = 2 \times \sqrt{p \times (1 - p) \div n}$$

　ある回答の賛成者の比率を p とすれば、反対者の比率は $(1 - p)$ となり、$n \times p$ が賛成者数になります。これから分散（散らばり具合）は $n \times p \times (1 - p)$ で求められますが、標準偏差は分散の平方根なので $\sqrt{n \times p \times (1 - p)}$ となり、1 人あたりにするために n で割って $\sqrt{p \times (1 - p) \div n}$ となります。そして、信頼水準が 95% の場合は、これに 2 をかけると前記の式になります。なお、信頼水準が 68% の場合は 1、99.7% の場合は 3 をかけることになります。

　たとえば、ある意見の賛成率が 40%（0.4）で、標本数を 100 とすると、前記の式に当てはめて、次のように計算できます。

$$
\begin{aligned}
\text{サンプリング誤差} &= 2 \times \sqrt{0.4 \times (1 - 0.4) \div 100} \\
&= 2 \times \sqrt{0.4 \times 0.6 \div 100} = 2 \times \sqrt{0.0024} \\
&= 2 \times 0.049 = 0.098 = 9.8\%
\end{aligned}
$$

　したがって、この標本数 100 の調査では、賛成は 40 ± 9.8%、つまり 30.2 〜 49.8% であると見なされます。約 2 割の精度です。もしこれを標本数 500 として同じように計算すると、4.4% になります。これだと、賛成は 40 ± 4.4% で、35.6 〜 44.4% になります。

　サンプリング誤差を早見表にすると、次ページのとおりです。これを参照すれば誤差を計算しなくてもすみます。

② 目標誤差から標本数を求める

　アンケート調査では、標本数をいくらにするかが大きな問題です。精度を高めようとすると標本数はできるだけ多いことが望まれます

が、調査費用は標本数に比例して増大します。そのため、誤差から標本数を逆算することがあります。

　たとえば、ある意見の賛成が40%のとき、目標誤差を10%（40 ± 5%）にするには、「サンプリング誤差の早見表」から約400のサンプルが必要となります。これは、計算からも求めることができます。必要な標本数の簡易計算式は、前記のサンプリング誤差を求める式を利用して、次のとおりとなります。

　　標本数 ＝ （2÷目標誤差）²

　たとえば、目標誤差を10%（40 ± 5%）にする場合の標本数は、次のようにして計算します。

　　標本数＝$(2 ÷ 0.1)^2 = 20^2 = 20 × 20 = 400$

サンプリング誤差の早見表

（単位：%）

回答比率 （p）	標本数（n）							
	100	200	300	400	500	1000	2000	3000
1	2.0	1.4	1.1	1.0	0.9	0.6	0.4	0.4
5	4.4	3.1	2.5	2.2	1.9	1.4	1.0	0.8
7	5.1	3.6	2.9	2.6	2.3	1.6	1.1	0.9
10	6.0	4.2	3.5	3.0	2.7	1.9	1.3	1.1
15	7.1	5.0	4.1	3.6	3.2	2.3	1.6	1.3
20	8.0	5.7	4.6	4.0	3.6	2.5	1.8	1.5
25	8.7	6.1	5.0	4.3	3.9	2.7	1.9	1.6
30	9.2	6.5	5.3	4.6	4.1	2.9	2.0	1.7
35	9.5	6.7	5.5	4.8	4.3	3.0	2.1	1.7
40	9.8	6.9	5.7	4.9	4.4	3.1	2.2	1.8
45	9.9	7.0	5.7	5.0	4.4	3.1	2.2	1.8
50	10.0	7.1	5.8	5.0	4.5	3.2	2.2	1.8

研究問題

1. テレビの視聴率調査で、高校野球選手権大会の視聴率が25.0％ということは、どのようなことを意味しているのでしょうか。

2. 乱数表とはどのようなものでしょうか。また、実際の乱数表を入手してみましょう。

3. 単純無作為抽出法と系統抽出法の長所と短所を一覧表にしてまとめてみましょう。

4. ある意見に対する反対が25％ありました。このときの標本数が300であったとき、サンプリング誤差はいくらになるでしょうか。また、真の反対はどの範囲になるでしょうか。

コラム

混ぜるということ

　サンプリングでは、全部のサンプル（母集団）から一部のサンプルを抽出します。抽出するということは、料理の味見の方法を考えてみるとよいでしょう。料理の味見は上澄みではなく、鍋の中をよくかき混ぜて行うのがふつうです。これは「母集団（鍋の中）から少数の標本（スープ1杯）を取り、味見することで全体（母集団）を推定する」ということになるからです。味見では、よく混ぜないと全体の正しい味がわかりません。調査についても、よく混ぜなければ片寄りが生じることになります。

第10章

アメリカ大統領選挙に見る
サンプリングの重要性

　1936 年に行われたアメリカ大統領選挙では、世論調査によって選挙の予測が行われました。雑誌社のリテラリー・ダイジェスト社は、1916 年の大統領選挙以降、毎回読者などを対象としたはがきによる世論調査を行い、予測をかなり適中させてきました。1936 年の大統領選挙でも、同社は 1,000 万枚のはがきを発送し、返送された 37 万 6,523 人のデータからラドン候補の勝利を予測しました。これに対して、ギャラップ社は、サンプリングにより 3,000 程度のサンプルをもとにルーズベルト候補の勝利を予測しました。結果は民主党のルーズベルトの圧勝となりました。

1936 年アメリカ大統領選挙の得票率の予測と実際

	F. ルーズベルト	A. M. ラドン
ダイジェスト社	43.0%	57.0%
ギャラップ社	54.0%	46.0%
選挙結果	60.2%	39.8%

　リテラリー・ダイジェスト社よりサンプル数の少ないギャラップ社の予測が的中したのはなぜだったのでしょうか。リテラリー・ダイジェスト社がはがきを郵送したのは、経済的に余裕のある人たちで、共和党の支持者が多かったと考えられます。これに対してギャラップ社は、サンプリングに偏りが少なくなるように工夫し、割当法を用いていました。この事件を契機として、その後リテラリー・ダイジェスト誌は廃刊となり、ギャラップ社は世界有数の世論調査会社になっていきました。

　ただし、1948 年の大統領選挙では、ギャラップ社の予測が外れ、これを契機として、割当法ではなく無作為抽出法が適切であることが定着していきました。

第**11**章　アンケート用紙をつくる

1　調査項目の設定には原則がある

　アンケート調査で使うアンケート用紙は、定型的な質問をして結果を集計し、数量的な分析を行うもととなるものです。アンケート用紙は、調査テーマにしたがって調査項目を決めていきます。しかし、ただテーマに関わりのありそうな項目を列挙して質問すればよいということではありません。調査項目の設定は、次の原則にしたがいます。

調査項目設定の原則
・定型的
・単純な質問
・数量化に無理・矛盾がない

2　仮説から調査項目を設定する

　仮説（hypothesis）は、事象や法則、理論を説明するために仮に設けた説です。仮説は観察・計算・実験などで検証され、確かめられれば新たな法則や理論となります。アンケート調査では、その出発点に、何かについて探求したいという意思があり、そこから問題（テーマ）が導き出され、これに対する仮説を用意し、調査研究によって仮説を実証していくことになります。多くの既存資料を調べれば、問題についてどのような答えがあるかという結果が想定可能です。この場

合、テーマに対して想定する結果が仮説で、1つだけでなく複数個あってもよいのです。仮説があらかじめ正しいとわかっていれば、わざわざ調査研究するまでもなく、わからないからこそ調査研究を行うのです。したがって、アンケート調査による調査項目は、こうした仮説が正しいかどうかをデータのレベルで確かめられるように設定することが必要となります。

[例]「男性はロマンチックである」という問題の仮説

たとえば、「男性はロマンチックである」という問題を検討してみましょう。「男性か女性か」というのは「性別」という変数の区分で、「ロマンチック」というのも「ロマンチックかそうでない（たとえば現実的）か」という変数の区分です。そこで、「男性のほうがロマンチックである」と「女性のほうがロマンチックである」という2つがありますが、さらに男性と女性が同じくらいロマンチックである場合が考えられます。したがって、「性別によってロマンチックであるかないかが異なる」ことが、まず確かめられなければなりません。調査では、まずこのことを立証することが必要となり、これが仮説となります。そして、「男性はロマンチックである」という主張は、この仮説における次の3つの可能性の1つとして位置づけられることになります。

仮　説　「性別によって、ロマンチックかどうかが異なる」
可能性1「性別によって、ロマンチックであるかどうかは異ならない」
可能性2「男性のほうがロマンチックである」
可能性3「女性のほうがロマンチックである」

3 ┃ アンケート用紙の基本構成

アンケート用紙は、協力をお願いするあいさつの部分と、質問本体

の部分、回答者のフェイスシートの部分の3つの部分から構成されています。

（1）あいさつ部

　アンケートの回答者が最初に読むのは「調査への協力のお願い」をするあいさつの部分です。ここでは、調査の目的や用途などの調査の趣旨、調査の重要性、調査への協力のお願いについて丁寧に記述します。調査に対する必要性の理解や信頼が得られなければ、回答してもらえなかったり、回答がいい加減になってしまったりしますので、注意して記述します。

（2）質問本体部

　ここは、質問と回答で構成されます。わかりやすく、答えやすいように、質問の順序、言葉づかい、回答方法を工夫し、回答時間があまりかからないように設計します。

（3）フェイスシート部

　ここは、回答者の住所、氏名、性別、職業などの個人情報を記述する部分です。最後に質問することが望ましく、個人情報を保護するように確約することも必要です。

4 | 質問の順序を決める

　テーマに関するさまざまな事実を量的に把握しようとするのがアンケート調査ですので、テーマに関わりのありそうな項目を列挙して回答するようにすればよいのですが、それだけでは十分な回答を期待することはできません。そこで、できるだけ体系づけて調査項目を設定することが必要になります。

これには、次の2つの方法があります。

①いくつかの大項目とそのなかの中項目をあげ、それらの相互関連を考慮しながらそれぞれ細目としての質問項目を検討し、設定していく。

②具体的な質問項目を思いつくままにあげていき、それを中項目と大項目にまとめ、最後に大項目間の関連を検討して設定する。

　前者は、テーマに関する質問内容がある程度見当がつく場合で、後者はそうでない場合に適しています。

　また、質問の順序は、次のように考えるとよいでしょう。

・簡単でやさしい質問から始める。

・興味を引く質問から始める。

・質問は論理的な順序で展開させる。

・一般的質問から、個別的・具体的質問へと展開させる。

・事実に対する質問は先に、意識に対する質問は後にする。

・質問の流れがわかりやすくなるようにする。

5　質問の量を調整する

　アンケート用紙の質問の量は、多ければ回答者が面倒になり回収率の低下をまねきますが、質問が少なくて回答が簡単であれば満足な調査結果が得られないことになります。また同様に、詳細な回答を得るために自由記述を多くすると回収率は低下し、選択肢を多用すれば特徴のない典型的なものになってしまいます。アンケート用紙の調査項目を適切にするということは、なかなか難しいことでもあります。

6　質問と回答のタイプを決める

質問のタイプと回答のタイプを質問ごとに決めます。

（1）質問のタイプ

・プリコード型質問…番号や記号のついた選択肢から回答してもら
　うタイプの質問です。
・自由回答型質問…自由に回答してもらうタイプの質問です。回答
　は、文字や数字などになります。

（2）回答のタイプ

・2肢択一式回答…2つの選択肢のなかから1つを選んで回答。
・多肢択一式回答…多数の選択肢のなかから1つを選んで回答。
・多項目選択式回答…多数の項目のなかから複数個を選んで回答。
　これには、無制限に選ぶ場合、選択数に制限がある場合、順位を
　示す場合などがあります。
・自由回答…文字や数字などで自由に回答。

7　回答は数量化する

　調査項目のなかの「性別」「職業」「学歴」などは、記号や言葉で得
られる質的データ（qualitative data）です。このようなデータは、平
均を計算するなどといった数値的な比較や検討は基本的には無意味に
なります。しかし、これらについても一定の方法により、数値で得ら
れる量的データ（quantitative data）として統計処理を行うのがふつ
うです。たとえば、「性別」であれば、「男」「女」と直接記入できる
ようにするのではなく、「1　男性」「2　女性」というように選択肢を

設けて該当するものを選んで回答してもらったりする方法です。また、収入区分であれば「① 500 万円以下　② 1,000 万円以下　③ 1,500 万円以下」というように、評価尺度であれば「①そう思う　②わからない　③そう思わない」というように、その順序に応じて数値を当てはめます。

8 | 自由回答欄を設けるか

　アンケート用紙に自由回答欄を設けても、ほとんどの回答者は文章を書くという負担が大きいために、書いてはくれません。自由回答欄を設けるよりも、想定される回答をよく検討して選択肢を設けた質問にすることが望ましいです。選択肢が設定できないということは、その質問で何を聞きたいのかが明瞭になっていないからなのです。しかし、例外として、アンケートの最後に自由回答欄を設けて、調査に対する疑問や苦情、意見などのコメントを記入してもらえば、調査の改善に役立つデータとすることができます。

9 | 質問をつくるときのワーディングの問題

　調査項目の1つひとつを質問文とその回答の選択肢（回答文）の形にしていくことを**ワーディング**（wording）といいます。回答しやすい質問文の設定はアンケート用紙の設計では最も重要なことですが、特定の回答を引き出すような質問文の設定は避けなければなりません。そのため、次にあげるようなことには注意が必要です。

（1）曖昧な表現・難しい用語
　「あなたは」というような主語や目的語は、くどいようでも省略しないようにします。また、難しい漢語・外来語は用いません。回答者

にとって曖昧な表現や難しい用語があれば、よくわからないまま、いい加減な回答をしてしまうことになります。たとえば、「ときどき」「しばしば」「たびたび」などは時間的な曖昧さがあり、「○○周辺」「○○方面」「ここ」などは範囲が曖昧でさまざまに解釈されてしまいます。期間や範囲、単位などは特定するようにします。

（2）ステレオタイプ

　言葉や言い回しにはあらかじめ固定化されたプラス（正）やマイナス（負）の印象や評価があります。たとえば、「規制化」や「リストラ」といえばマイナスのニュアンスですが、「自由化」や「キャリア・アップ」といえばプラスのニュアンスをもちます。調査で意図的にこのような言葉を用いれば、結果を有利な方向に導くことになりかねないことになります。

（3）ダブル・バーレル質問

　1つの質問文に複数の回答対象があって、どちらの意味について回答したらよいか困るものを**ダブル・バーレル質問**といいます。たとえば、「刺繍や編み物は男性より女性に向いている」という質問は、「刺繍は男性より女性に向いている」と「編み物は男性より女性に向いている」というダブル・バーレル質問となっています。

（4）パーソナル質問とインパーソナル質問

　回答者自身に関わる行動や意見を求めるのが**パーソナル**（personal）**質問**で、漠然と世の中一般の客観的な行動や意見を求めるのが**インパーソナル**（impersonal）**質問**といいます。たとえば、「あなたはリサイクル活動をしたいと思いますか」というのはパーソナル質問で、「あなたは環境保護のためにリサイクル活動は必要だと思いますか」というのがインパーソナル質問です。

（5）キャリー・オーバー効果

　質問に対する回答は、その質問の前にどのような質問をしたかによって影響を受けることがあります。たとえば、前述のリサイクル活動の質問では、インパーソナル質問をした後、パーソナル質問をすると、後の質問だけをした場合に比べて、前問の影響を受けて肯定的な回答が多くなることが考えられます。このような回答に対する影響や誘導を**キャリー・オーバー効果**といいます。しかし、重要なことはキャリー・オーバー効果を排除することではなく、質問文の順序を適切にすることです。

（6）バイアス質問

　バイアス（bias）**質問**は**誘導質問**ともいい、質問の回答を意図する方向に誘導することです。たとえば、「男女の機会均等が叫ばれていますが、あなたは男性も育児に参加すべきだと思いますか」と質問すれば、回答者は機会均等の趣旨から考えて肯定的な回答をすることが予想されます。

10　フェイスシートをつくる

　アンケート用紙には、質問項目以外に回答者に関する事項を記述する部分が必要で、**フェイスシート**（face sheet：FS）といいます。面接調査では、表紙の一部に相手の属性を書き込むので、このような名称が使われていますが、プライバシーに関することなので、詳細にわたれば調査自体を拒否されることにもなりかねません。

　フェイスシートには、回答者の性別、年齢、職業、家族構成、居住形態などの個人属性を記入できるようにします。これらの回答は、分析の際の重要な指標になりますが、プライバシーに関わる内容ですから、必要以上に立ち入らず、調査テーマにあわせて過不足のないよう

に気をつけなければなりません。

　調査のはじめにプライバシーについて訊くと、調査自体を拒否されることになりかねないので、意図的に最後に置くことが多いです。

研 究 問 題

1．次の質問文はダブル・バーレル質問です。質問文を分解して示してみましょう。

　(1) お金はあなたにとって最も重要で、なくてはならないものですか。

　(2) 喫煙は健康に悪いのでやめるべきだと思いますか。

　(3) あなたは社会保障を充実させるため、少し税金を上げることに賛成ですか。

2．今あなたが関心をもっている調査テーマについて、調査項目（質問文）を作成してみましょう。また、その順序についても検討しましょう。

第12章 アンケート調査を実施する

1 実査の前に考えよう

　アンケート調査を実施することを**実査**といいます。実査を行う前に考えなければならないことは、次のとおりです。

① 実査に先だって明確にすべきこと

　実際にアンケート調査を実施するにあたっては、まずテーマを設定し、何を対象として、どのような目的で調査をするのか、そして調査結果をどのように利用するのかについて、明確にしておくことが求められます。アンケート調査は、単にデータを収集して集計するだけのものではないからです。

② 仮説はどのような役割をもつのか

　たとえば、「若者は本を読まない」という問題意識があったとしましょう。これを一般的な命題として書き直すと、単に若者が本を読むか読まないかということではなく、「年齢によって本の読み方が異なる」ということになります。これを仮説とすると、この仮説を検証するためにどのようなデータが必要なのかを考え、質問項目を決めていくことになります。調査の目的を明確にして、そこから仮説を設定し、アンケート用紙を作成すれば、適切な調査を行うための効率よい設計をすることができます。

2　調査を依頼するあいさつ状

　調査を依頼するためにあいさつ状が必要です。あいさつ状には事前に出すものと、調査開始時に使うものがあります。

（1）調査の前に出すあいさつ状
　面接調査や留置き調査などで、調査対象者の自宅などを訪問する場合には、事前にあいさつ状を送付しておくことが必要です。あいさつ状は、訪問の予告にもなり、あいさつ状の有無によっては、対象者の協力姿勢も変わってきます。また、あいさつ状を送付しておけば、転居や住所不明などもわかり、余分な労力が省けます。
　事前に出すあいさつ状の主な内容は、次のとおりです。
　・調査への協力のお願いに関する表題
　・時候のあいさつと調査協力のお願い
　・調査主体の紹介
　・目的や用途など調査の趣旨
　・調査対象者の選出方法
　・回答結果の利用方法
　・プライバシー保護の確約
　・訪問予定期間
　・謝礼品の内容
　・発送年月日、調査主体の名称、住所、連絡先、担当者

（2）調査開始時に使うあいさつ状
　面接調査や留置き調査の場合には、対象者の自宅を訪問したとき、あいさつ状を手渡して、口頭で調査への協力の依頼をします。また、集合調査や郵送調査でも、アンケート用紙にあいさつ状を添付しま

す。この場合のあいさつ状の簡単な例をあげると、次のとおりです。
必要に応じて、より詳しいあいさつ状を作成します。

〇年〇月〇日

〇〇に関する調査のお願い

　最近、〇〇に対する関心が高まり、新聞をはじめさまざまなメディアで報道されています。そこで私たちは、皆様が日頃これについてどのようなお考えをもっているか、どのように対応しているか、今後どのようにしたらよいかなどを調査して、皆様の生活をより充実したものにするための資料として活用したいと思います。あなたが回答者として選ばれたのは、無作為抽出法によってですので、他意はありません。回答は無記名ですので、あなたの個人データが外部に流出することはありません。できるだけ率直にお答えください。

　なお、回答されました調査用紙は、〇月〇日までに同封の封筒でご返送ください。ご多忙のことと存じますが、調査のご趣旨をご理解いただき、調査にご協力くださいますようお願い申し上げます。

〇〇大学〇〇学部〇〇研究室
担当　〇〇〇〇

3　面接調査・留置き調査のポイント

　面接調査や留置き調査では、調査員が訪問することになっています。そこで、次のように、調査員の管理などをしっかりと行うことが

重要です。

（1）調査員を手配する

　調査員は、専門の教育訓練を受けた者が望ましいのですが、もしいなければアルバイト調査員を募集して教育訓練を行います。これにはある程度の期間が必要ですから、その期間も考慮しておきます。また、専門の調査員がいれば雇用契約を結びます。

（2）調査員に対する説明会を開く

　調査に先立って、調査員に対する説明会を開きます。調査員説明会では、カウンタなどの調査用具や文房具、アンケート用紙を配布し、調査の趣旨や調査方法、注意事項などについて説明を行います。

（3）インタビューで注意すること

　調査員が面接を行う場合、形式的で一方的に行ったのでは問題が多くなります。調査員と対象者とはあくまでもフェースツーフェースの関係ですから、調査員は、専門用語の使用を控え、対象者の話しやすい雰囲気をつくるとともに、質問に対して対象者が、正確に、率直に話ができるようにコミュニケーションをとることが重要となります。

（4）実査の「3コール原則」

　実査には「3コール原則」というものがあります。これは、対象者が不在であっても、拒否したとしても、日を変えたり時間を変えたりして最低3回は調査依頼の努力をするという原則です。実査では、この原則を遵守させ、調査の品質管理をしなければなりません。

（5）実査を管理する

　主に、次のようにして実査を管理します。

・調査員を管理

・回答の回収状況を把握

・対象者からの問い合わせへの対応

・不測の事態への対応、トラブルへの対応

（6）点検・回収について

点検・回収については、主に次のような管理を行います。

・回収したアンケート用紙（回答）数の確認

・指定の対象者と面接したことの確認

・回収したアンケート用紙の記入もれ、記入ミスなどのチェック

・不正行為がなかったかどうかのチェック

4　郵送調査・電話調査・FAX 調査のポイント

（1）郵送調査のポイント

郵送調査では、アンケート用紙を発送し、回答を返送してもらいます。発送にあたっては、料金は、料金別納や大口・法人向け料金計算（大量の郵便物を発送する場合、料金が割引になる場合がある）、宅配業者のメール便など、送料を考慮して選択します。返送についても、受取人払いにすると対象者の負担になりません。また、回収率が思わしくないときは、回答期限を過ぎた対象者に対しての督促を考えます。

回収率を上げる方法としては、アンケートに答えやすくするほか、謝礼の同封、締め切り日近くの調査協力の御礼を兼ねた回答返送の催促などがあります。また、一般に、対象者が回答を記入するのは土曜日・日曜日が多いと考えられますので、アンケート用紙の発送から締め切り日までに土曜日・日曜日を 2 回程度含めるようにします。

（2）電話調査のポイント

　電話調査では、パソコンが欠かせません。一般には、電話調査システムで、電話の自動発信によって電話をかけ、パソコンに表示されている質問を読み、回答を入力していきます。電話調査システムによって、実査と集計処理が簡単にできるようになっています。標本数が多い場合には、電話調査システムをもつ調査機関に委託するのがふつうです。

（3）FAX 調査のポイント

　FAX 調査では、事前に募集が必要です。FAX の使用については、パソコンソフトを使って、パソコンと連携をした一斉送信や受信データのディジタルデータ変換などで効率化を図ります。なお、FAX 番号は電話帳に掲載してありませんし、一般に FAX の受信には用紙が必要ですのでその代金についても考慮するなど注意が必要です。

5 集合調査・簡易調査のポイント

　集合調査や簡易調査は、どちらも施設を使ったり、道路上で調査依頼を行ったりして調査をします。このような場合のポイントを見てみましょう。

（1）調査場所を視察

　調査員を配置する場所は、事前に見ておくことが必要です。その際のポイントは、次のとおりです。

- ・視察をするときには、ビデオカメラ、ディジタルカメラ、時刻表、道路地図、施設等の見取り図、人数を数えるカウンタなどを持参する。
- ・交通機関のダイヤや駐車場の有無などの交通アクセス、交通量な

どを確認する。

・道路上での調査の場合、店舗や自販機の前など営業妨害にならないかどうかを確認する(警察署に道路使用許可を申請しておく)。

・施設内や出入り口での調査では、邪魔にならない場所を確認する(施設管理者から許可を得ておく)。

・実査ができない時間帯や悪天候の場合の処置について確認する。

（2）実査当日に注意すること

実査当日のポイントは、次のとおりです。

・調査時刻開始前に調査場所に調査員全員を集め、調査の準備を行ったり、調査についての確認を行う。

・調査がスムースに行われるよう、調査実施をアピールする看板やのぼりを立てる。ただし、施設内では許可が必要。

・1時間ごとに回収数をチェックし、少ないようであれば調査員の増員を行うなどの対策を立てる。

・実査終了後、調査員ごとの回収数を確認する。

・調査責任者は常に調査現場にいて、トラブルに備える。

6　回収率を高めるにはどうするか

（1）回収率

回収率は、調査依頼数に対する回収数の割合で、次のようにして計算したものです。

回収率（%）＝ 回収数÷調査依頼数× 100

しかし、実際には調査依頼数の定義によって回収率は変化します。回収不能の理由や計算方法に注意が必要です。

（2）回収不能の理由

- ・調査対象者リストの不備…転居、死亡、誤記など
- ・調査対象者の事情…出張、入院、旅行などの長期不在、調査拒否など
- ・災害・事故…地震、台風、火災などの災害や交通機関の事故などによる調査不能

（3）回収率の向上

　回収率を向上させるための主な工夫は、次のとおりです。

①　丁寧で信頼を得るあいさつ状

　調査の趣旨や意義、対象者を選んだ方法、個人情報保護の確約などを丁寧に誠心誠意をもって記述し、調査対象者に理解をしてもらい、信頼を得られるようにします。

②　いつも回答者の立場で

　調査員だけでなく企画段階から、わかりやすく、丁寧に、はっきりと、いつも回答者の立場に立って行動します。

③　調査員のマナー教育はしっかりと

　調査に関する教育も重要ですが、服装、言葉づかい、態度などのマナーも十分に教育するようにします。

④　調査員はいつも身分証明書を

　調査員の身分証明書は、胸などのいつもわかるところにつけ、対象者に提示します。また、集合調査や簡易調査などでは、腕章もつけるようにします。

⑤　謝礼を準備

　謝礼は、回答者の意欲を高めます。調査時間に応じて謝礼を準備します。〔→章末の「コラム・アンケート調査の謝礼は効果的に」参照〕

⑥　督促状を出す

　郵送でアンケートの回答を返送してもらう調査方法を採用した場合

には、回答が未着の対象者に対して、調査への協力の御礼を含めた督促状を発送するようにします。督促状は、通常はがきで行います。

督促状の主な内容は、次のとおりです。
・調査への協力の御礼
・アンケート用紙到着の有無の確認
・アンケート用紙返送のお願い（督促）と返送期限
・調査の趣旨の説明と調査への協力依頼（再度）
・発送年月日、調査主体の名称、住所、連絡先、担当者

（4）信頼度の評価と利用上の注意

民間でよく行われるアンケート調査は、政府の統計調査と異なり一般的に回収率が高くありません。調査結果を利用するときには、それがどの程度信頼できるかを評価して利用することが必要です。

7　アンケート調査をとりまく現代的課題

社会が大きく変革するなかで、調査における環境も大きく変化してきています。そのなかから、ここでは、回収率の低下、不在世帯の増加、個人情報保護の問題を取り上げます。

（1）回収率の低下

調査においては、企画・計画したとおりに調査を進め、調査対象からまんべんなく回答を得なければなりません。そのためには、調査対象者に渡したアンケート用紙は、全員から確実に回収しなければなりません。しかし、最近では、調査の依頼をしても回答しない人の割合（未回収率）が増加しています。たとえば、2005年10月に行った国勢調査では、未回収率が国全体で4.4％が2015年には13.1％と増加しています。これを都市部で見るとさらに高い未回収率になっていま

す。とくに東京都では、都全体での未回収率が 13.3％（2005 年）から 30.7％（2015 年）にものぼっています。これをさらに一部の区や市に限ってみても 20％を超えるところも多くあります。

　国勢調査は、5 年に 1 度行われるわけですが、一般の調査とは異なり、日本に住むすべての人には調査に応じる義務があります。調査を拒否すれば、「6 か月以下の懲役もしくは禁固または 10 万円以下の罰金」という罰則もあります。国勢調査でもこのように回収率が下がっているのですから、多くの調査でもこのことを念頭に置いておかなければなりません。

（2）不在世帯の増加

　このところ日本では、世帯数は増加しているのですが 1 世帯あたりの人数は減少傾向にあります。2015 年には、単身世帯が総世帯数の約 34.5％（前回は 32.4％）、2 人世帯も 27.9％（前回は 27.2％）を占めています。単身世帯が最も多く急速に増加しています。1 世帯の人数が少なくなれば、留守番もなく不在になりがちで、不在世帯が増加することになります。不在世帯の増加は、回収率低下の大きな原因の 1 つです。

（3）個人情報保護の高まり

　個人情報保護については、近年、個人情報に関する犯罪が頻発し、それにともなって法律も整備され、個人情報保護に対する関心も広がりました。「内閣府調査にみる調査不能理由の推移」（社団法人中央調査社調べ）によると、これまでは回答の未回収の理由は「不在」が最も多かったのですが、2003 年ごろから「拒否」が「不在」を上回るようになりました。これからも「不在」が増加することが予測されますが、調査に対する「拒否」もさらに多くなると考えられます。

　もちろん、個人情報の保護は当然のことであり、調査にあたっては

最優先で注意をしなければならないことです。しかし、多くの調査は社会全体に貢献することに資するものでもありますので、調査者は回答者に十分な説明を行い、理解してもらえるように努めることが大切です。そのためにも、調査者は、個人情報が漏洩することのないように細心の注意を払うことが求められています。

研 究 問 題

1. アンケートの回答の記入が他記式か自記式かによって、調査依頼状の内容には、どのような違いがあるかをまとめてみましょう。
2. 郵送調査によるアンケート調査で、○○についてアンケート用紙を同封してアンケートを依頼したのですが、期限が過ぎてもまだ回答が返送されてきません。これに対する督促状を作成してみましょう。ただし、必要な事項は各自で設定してください。

コラム　アンケート調査の謝礼は効果的に

　アンケート調査では、謝礼があれば回収率が上がります。アンケート調査には回答義務がないので、調査の依頼をしてもなかなか引き受けてもらえません。回答に意欲をもってもらうために、謝礼は重要なツールです。しかし、謝礼の渡し方や内容によっても回収率は異なります。

　謝礼を渡すときは、回収後に渡すよりもアンケートを依頼するときに渡したほうが回収率が高まります。また、郵送調査では、回答を返送してくれたときに一律に 100 円程度の品を送るよりも、抽選で 1 万円の旅行券を送るようにするほうが回収率は高まります。

　かつて、謝礼には、よくボールペンなどを用意していました。謝礼が 500 円未満ですと、やはり筆記用具やハンカチなどの日用品が多いようです。500 円以上になると、以前は包装をしたタオルのように、対象者が喜びそうなかさばるもので、調査員が持ち運べる軽いものを使っていました。現在では小さくて軽いプリペイドカードのようなものが多く使われています。

コラム　アンケート結果を活用した
プレゼンテーションでの説得術

　ラジオよりテレビから伝えられる情報のほうが、私たちにとって強い印象やインパクトを与えます。それは視覚に訴えているからです。プレゼンテーションにおいても同様で、話術やジェスチャーの巧みさだけで話を進めても、すぐに飽きてしまったり、しらけてしまったりすることがあります。簡潔な図表やイラストを駆使した内容であれば、

聞き手にとって理解を深め、集中力を持続させることができます。このようにプレゼンテーションにおいては、わかりやすく、理解しやすくすることは重要なことです。

　プレゼンテーションでは、重要なことがもう 1 つあります。それは聞き手が納得することです。そのためには、説明を補強するために、次のような客観性のある話題を引用します。

＜プレゼンテーションでの説得術＞

① 　専門家の見解を引き合いに出す。

　「○○大学の○○先生によれば、……」などと説得する。

② 　有名人を引き合いに出す。

　「野球選手の○○氏がやっているトレーニング」「女優の○○さんによると、こういうダイエットが効果的」などと説得する。

③ 　自己の体験的事実を語る。

　自分が過去に体験した事実を語って説得する。

④ 　データに語らせる。

　データに代弁してもらい説得する。説得のコツは押しつけないことにある。

⑤ 　多数者の原理を利用する。

　大勢の人が正しいと認めれば認めるほど説得効果をもつ。人間には周りの人と大きく離れたくないという願望がある。

　ここでは、とくに④と⑤が重要です。調査の結果で得たデータは、ある程度、客観的事実を示しています。たとえば、データのなかで、ある問題について賛成が多いということは、大勢の人がある問題を認めたということでもあります。これほど説得力のある事実はないでしょう。プレゼンテーションでは、統計データを裏づけに使い、大いに説得したいものです。

Annex 統計にだまされないために

　アンケート調査などの社会調査は、世の中の実態を明らかにしたり、人々の意見を把握したりするために行うことが多いです。新聞やテレビなどのマスメディアは、調査結果を引用し、記事にしたり、特定の意見を主張したりすることがあります。しかし、引用する調査結果にバイアスがあったり、都合のよい調査結果だけを用いたりしたのでは偏った主張を助けることになってしまいます。ここではいくつかの事例をあげて考えてみましょう。

1　調査主体による相違

【事例1】

　次の表は、2020 年 9 月 16 日に発足した菅義偉内閣の支持率を新聞社などのマスメディアが電話で調査したものです。

マスメディア名	調査日（2020 年）	支持する（%）	支持しない（%）	備考
読売新聞	9 月 19 ～ 20 日	74	14	重ね聞きあり
JX 通信社	9 月 17 ～ 18 日	56.7	16.1	
毎日新聞	9 月 17 日	64	27	オートコール調査
朝日新聞	9 月 16 ～ 17 日	65	13	
共同通信	9 月 16 ～ 17 日	66.4	16.2	
日本経済新聞	9 月 16 ～ 17 日	74	17	重ね聞きあり

【解 説】

　2020 年 9 月 21 日の読売新聞が菅義偉内閣の発足を受け、見出しに「菅内閣の支持率、歴代 3 位の 74％…読売世論調査「他によい人がいない」30％」とし、記事に「読売新聞社は 19 〜 20 日、菅内閣の発足を受けた全国世論調査を実施した。菅内閣の支持率は 74％で、内閣発足直後の調査（1978 年発足の大平内閣以降）としては、小泉内閣（87％）、鳩山内閣（75％）に次いで歴代 3 位の高さとなっています。不支持率は 14％。安倍前首相が進めてきた政策や路線を引き継ぐ菅首相の方針は「評価する」63％、「評価しない」25％だった。」と記載しています。

　菅義偉内閣の発足を受けた世論調査の内閣支持率の中でも、読売新聞と日本経済新聞は 70％台と特に高い支持率を示していますが、どうしてでしょうか。このような支持率の相違は、内閣支持の質問手法の違いが影響したと思われます。読売新聞と日本経済新聞の調査では、内閣支持の質問で，支持や不支持を明確に回答しなかった有権者には、「お気持ちに近いのはどちらですか」や「どちらかといえば、支持しますか、支持しませんか」などと重ねて聞く、いわゆる「重ね聞き」の調査手法が用いられています。重ね聞きをしない場合と比べると、一般的には「支持する」「支持しない」の数字にそれぞれ上積みされますが、新内閣発足の直後の期待感から今回は「支持する」に加算されることになったと思われます。

　また、毎日新聞では、18 歳以上を対象として、オートコール方式で支持率調査をしています。これは、コンピュータで無作為に数字を組み合わせた携帯電話や固定電話の番号に自動音声応答（オートコール）で電話をする RDD 方式（乱数番号法）で対象者を特定して電話をする方式です。携帯電話には、調査を承諾した人にショートメールで回答画面を送信し、固定電話には自動音声の質問に番号をプッシュして回答してもらいます。

このように単純で同じような質問でも調査方法によって微妙な差が
出てしまい、回答率にかなりの相違がみられるということを認識して
おく必要があります。調査方法によって相違が大きければ都合のよい
調査結果だけを利用することもできてしまうことになります。

2　前提が不明瞭な調査

【事例2】
「歴代大統領、一番人気はカーター氏　米紙が調査」
（1991年11月6日付け朝日新聞より）

　この新聞記事は、ブッシュ大統領時代の1991年に生存していた過
去4人の前・元大統領であるニクソン氏、フォード氏、カーター氏、
レーガン氏の人気投票をアメリカで行った結果を報道したものです。
4人の前・元大統領について全米で1,600人を対象に行ったこの調査
では、4人のうち誰を支持するかという質問に対して35%がカーター
氏、22%がレーガン氏、20%がニクソン氏、10%がフォード氏と答え
ています。この結果について、記事の中で回答者の意見として、「カー
ター氏は人道的な政策が評価できる」とか「レーガン氏は貧しい人の
ために何もせず、多くのホームレス（浮浪者）を生む原因となった」
と紹介しています。

【解　説】
　4人の前・元大統領が所属する政党を見ると、カーター氏だけが民
主党で、残りの3人は共和党です。仮に民主党と共和党の支持率が拮
抗しているとするならば、共和党支持者の票は3人に分散しますが、
民主党支持者から見るとカーター氏しか選択肢がありません。した
がって、この調査では、カーター氏が一番人気になることは当然です

し、初めから予測できたことでもあります。回答者の意見も、調査結果をもっともらしく補足しているように思われます。

　一見、意味のある調査に見えるのですが、調査の実態を知ってしまうと、このような調査は何を意図としているのか理解できません。調査の必要性や新聞に掲載したことについても疑問になります。

【事例３】

　携帯電話会社の NTT ドコモやソフトバンク、KDDI は、人口カバー率を 100％、99.9％などと発表しています。

【解 説】

　人口カバー率は、総務省によって「カバーされている（サービスが利用可能である）市町村の人口の合計÷国内総人口」というように定義されています。

　携帯電話を使っている人たちの間では、「○○で使えた」とか「××は圏外だった」というようなことが話題になります。とくに、電波の利用政策や技術革新によって利用周波数、通信方式などが変化していますので、通話できるエリアが話題になることが多いようです。

　そこで、携帯電話が利用できる場所をあらわす指標として、【事例３】で示した人口カバー率が参考にされています。しかし、実際に使っている利用者から見るとまだまだ利用できないエリアがあり、99％以上という値に違和感を覚えることも多いでしょう。また、【事例３】の人口カバー率を見ると各社の差があまりに少ないようですが、実際には携帯電話会社によって接続状態に差があると実感する意見を多く聞きます。これはどうしてでしょうか。

　実は、この人口カバー率の計算では、市町村の役場所在場所で携帯電話を使い、接続できれば、その市町村の人口をすべてカバーしたと判断して、市町村の総人口をカバー率にカウントできるというように

決めているからです。役場近くに基地局を設置すれば、その市町村に住んでいて圏外となって通話できない人が何千人いても、その市町村の総人口をカバー率にカウントできてしまいます。したがって、人口カバー率が100％だといっても全国の市町村役場を100％カバーしたという意味であって、圏外となる家がないという意味にはなりません。また、同一市町村に基地局をいくら増設しても、人口カバー率を上げることできません。

　つまり、携帯電話の利用可能エリアの指針とされている人口カバー率は、実際の利用可能エリアと必ずしも合致していないことになります。このように実態と乖離して客観性をもたない場合があるのです。そのため、現在では、利用の実態になるべく即した算出方法として、日本全土を500メートル四方のメッシュに区分して人が住んでいる区画ごとに電波が届くかどうかを計算して人口カバー率を公表しています。

3 バイアスがある調査

【事例4】
　面接調査で調査員が「あなたは、その職務にふさわしいと思われる力量があれば女性が大統領に選ばれることに賛成ですか、反対ですか」と質問したとします。この調査にどのような問題がありますか。

【解 説】
　一般に、調査員が女性で回答者が男性の場合のほうが、男性が男性に同じ質問をした場合に比べて、肯定的な回答が多くなります。女性がこのような質問したとき、差別的意識がないとしても「反対です」と答えるには多少の勇気が必要だと思われるからです。このように調査員の相違で差が生じることをインタビューアー効果と呼んでいま

す。もしも、これが白人と黒人での問題になると、その差はもっと顕著になります。

【事例5】

　アンケート調査で、次のように質問しました。「高齢化が進む将来に備えた場合に消費税に依存する論議があります。あなたは消費税の引き上げに賛成ですか、反対ですか。1．賛成　2．やむを得ない　3．あまり好ましくない　4．反対」

　このアンケートにはどのような問題がありますか。

【解 説】

　この質問では、初めに消費税の必要性が述べられ、その後に引き上げについて質問しています。これはキャリー・オーバー効果を用いているのです。選択肢についても通常用意する「わからない」を省略していることから、肯定的な回答をうながしています。

　また、「やむを得ない」と「あまり好ましくない」は、類似の選択肢で「あまり好ましくないがやむを得ない」という程度の意見で、どちらも賛成に入れてもおかしくない項目です。できるだけ賛成を多くしたいという意図が感じられます。

　本来であれば、「賛成」「どちらかといえば賛成」「どちらかといえば反対」「反対」「わからない」という五肢択一にするのが一般的です。

研 究 問 題

1．ここであげた各事例について問題点を箇条書きで整理してみましょう。

2．さまざまな調査で何かおかしいと思われる質問などを調べてみましょう。また、それについて問題点を整理してみましょう。

第2編
データ解析に挑戦

第1章　データ解析前のデータ集計

　アンケート調査のデータ解析を行うためには、アンケート用紙を回収して、これを整理し、アンケート用紙のデータを確定したうえでデータ解析に進みます。アンケート用紙のデータの整理は、アンケート用紙をチェックし（エディティング）、データを数字化し（コーディング）、コンピュータに入力して単純集計を行い、これをもとにデータクリーニングしてデータとして完成させ、データ解析に進みます。アンケート用紙はデータ解析のもととなる調査用紙ですからチェックから慎重に行います。

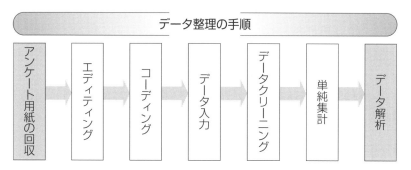

データ整理の手順

アンケート用紙の回収 → エディティング → コーディング → データ入力 → データクリーニング → 単純集計 → データ解析

1　アンケート用紙をチェックするエディティング

　回収されたアンケート用紙は1件ずつ丁寧にチェックし、問題があれば担当の調査員や対象者に問い合わせたり、決められたコードを付与したりするなどの処理をします。この作業を**エディティング**

（editing：点検）といいます。この作業によってデータ解析に使える有効なアンケート用紙を確定します。

（1）調査員と対象者本人による回答かどうかをチェック

　アンケート調査を行った調査員に不正がなかったかどうか、対象者本人が回答したかどうかなどについて、アンケートを記入した対象者に確認します。これは、アンケート調査の方法にもよりますが、一般に回収したアンケート用紙の一部に対して、次のような方法によって行います。

①訪問による確認…別の調査員を対象者のところに訪問させ、本人が回答したかどうか、問題がなかったかどうかを、御礼を兼ねて確認します。

②電話による確認…対象者に対して電話で、本人が回答したかどうか、問題がなかったかどうかを、御礼を兼ねて確認します。

③郵送による確認…郵送で、調査の御礼と調査対象者になったことや調査員についての感想などを質問します。

（2）アンケート用紙の重複チェック

　謝礼付きで回答者を募集すると、謝礼が高額であるほど重複応募が増えます。謝礼を送付するために必要となる住所、氏名、電話番号、Ｅメールアドレスなどから、アンケート用紙に重複がないかどうかをチェックします。

（3）アンケート用紙の記入内容についてのチェック

①調査対象のチェック…性別や年齢などで調査対象を限定している場合には、対象者の条件に合致しているかどうかを確認します。

②記入漏れがないかどうかのチェック…記入漏れは、記入忘れ（無回答）なのか、該当する項目がないか質問に対する対象者でない（非

該当）のか、担当の調査員や対象者に問い合わせます。

③回答ミスや記入ミスのチェック…回答ミスや記入ミスがある場合は、できるだけ担当の調査員や、対象者に直接問い合わせます。

④回答チェックマークの点検…データ入力の際の入力ミスを防止するため、○印や✓印などが指定の位置にはっきりとあるかどうかを確認します。

⑤はっきりしない部分を確認…乱筆で読めない字やはっきりしない回答を判読し、処理します。

⑥論理的に矛盾のある回答を点検…女性に対する質問なのに男性が回答していたり、回答によって枝分かれになる場合に回答すべき質問を飛ばしていたり、回答しなくてよい質問に答えていたりしていないかなど、回答に論理的な矛盾がないかどうかを確認します。

⑦疑わしい回答のチェック…疑わしいアンケート用紙は、担当の調査員や対象者に問い合わせますが、疑いが強ければ集計から除外します。その例には、次のようなものがあります。

・無記入が多い。

・数多くの質問事項に対して、同じ番号ばかりに○がついている。

・○のつけ方など、回答が規則的すぎる。

・回答の内容が一般常識を越えている。

（4）有効なアンケート用紙を確定する

　集計から除外するアンケート用紙には無効である旨とその判断理由を朱記しておきましょう。この時点で有効と無効のアンケート用紙を数え、回収率（有効数÷全数）を計算します。

2　回答に数字を割り振るコーディング

　回答をすべて数字に置き換える作業を**コーディング**（coding：符号

化）といいます。コンピュータでデータ解析をするには、文字より数値データのほうがはるかに扱いやすいために、回答を数値化するのです。

（1）アンケートに対する数字の割り振り

① 質問に対する数字の割り振り

　質問には番号がつけられているのでこれを用います。質問数が 9 以下であれば 1 桁でもよいのですが、それ以上であれば必要な桁数を使います。選択肢の数字と区別するために質問（question）の意味で先頭に Q か q を付けて、Q01 とか q01 というようにあらわします。

② 選択肢に対する数字の割り振り

　回答に選択肢が設定されている場合はその選択肢番号を用います。2 肢択一式や多肢択一式回答ではその番号をそのまま当てはめます。たとえば、性別で「1　男性」、「2　女性」は、その番号を 1 または 2、あるいは 01 または 02 というように割り振ります。

　多項目選択式回答では、選択肢の数だけ桁数を用意して○がついた項目のところを 1 にします。たとえば、交通手段の質問で選択肢が「1　徒歩」「2　電車」「3　自転車」「4　バス」の 4 つであった場合、4 桁用意しておき、回答が電車とバスを利用する場合、0101 という数字を割り振ります。

③ 無回答・非該当の場合の数字の割り振り

　無回答や非該当であれば別の数字を割り当てます。たとえば、無回答を 9、非該当を 8 というように割り振ります。この場合、回答が 2 桁になっていれば無回答を 99、非該当を 98 とします。

（2）コーディングシートへの転記

　コーディングシートには、列には質問番号を割り当て、アンケート用紙 1 件分の回答を 1 行にして転記します。コーディングシートへの

転記を省略して直接パソコンに入力する方法もありますが、調査や
キーボード操作にあまり慣れていない場合には、コーディングシート
に転記してからパソコンに入力するほうがかえって効率がよいことも
多いです。

（3）データの入力

　コーディングシートに記入してある調査データを表計算ソフトなど
を利用してパソコンに入力していきます。入力にあたっては、あらか
じめ講習会を開いたり、操作方法を統一したりするなどして、操作ミ
スが起こらないようにします。

　数字は半角で入力します。また、入力の途中でこまめに保存するよ
うにし、突然のシステムダウンなどのトラブルの発生に対処できるよ
うにしておきます。

3　データの最終チェックを行うデータクリーニング

　最終的なデータチェックを行うのが**データクリーニング**という作業
です。入力したデータに誤りがあれば、正しい調査結果は得られませ
ん。このデータクリーニングでは、エラー発生の可能性を考え、でき
る限りエラーを発見して修正することが必要です。

（1）データのチェック

　データについて、主に次のようなチェックがあります。

　　・サイトチェック（目視検査）…アンケート用紙と入力画面、入力
　　　データ印字リストなどを目によって対比したり、2人で組になっ
　　　て読み合わせたりして検査します。

　　・二重チェック…データを2人が別々に入力するか、1人が二重に
　　　入力するかして、両方を照合します。

・リミットチェック（限度検査）…入力データが事前に予定されている上限値または下限値を超えていないかどうかを検査します。

・レンジチェック（範囲検査）…たとえば、月は 1 〜 12、日は 1 〜 31 の範囲内、回答の選択肢が 1 〜 5 の範囲内になければエラーとなるなどように、項目の内容があらかじめ定められた範囲内にあるかどうかのチェックです。

・ニューメリックチェック（数字項目検査）…数字項目に正しく半角の数字が入っているかどうかのチェックです。数字項目に文字が入っていると計算時にエラーになってしまいます。

・ロジカルチェック（論理検査）…回答に論理的な矛盾がないかどうかのチェックです。たとえば、サークルに入っていないと回答しているのに、別の回答では音楽部に所属しているというような場合です。

（2）単純集計

　データが正しく入力できたらこれを表にまとめ、必要によってアンケート用紙の質問の回答ごとにその数（度数）を集計し、構成比を求めます。これをもとにどのようなデータ解析を行うかを確認しておきます。

4　調査データを整理するフィールドノート

　フィールドワーク（field work）は、現地調査などと訳され、「調査の対象となる現地で、観察・聞き取りなどを行ってデータを収集する過程」などといわれています。このフィールドワークをデータとして記録したものが**フィールドノート**（field note）です。データの整理段階では、フィールドノートにはエディティングやコーディング、データ入力などについて、作業参加者、観察や相談した内容、周りの

状況、感想や意見、入手した資料、次の作業の参考になる事項などを記録します。特にコーディングの際、男性を1、女性を2などというように、項目に数字を割り振った結果をまとめた**コードブック**を作成することも必要です。

5 グラフでビジュアル表現

(1) 代表的なグラフ

データを図形で表現したのがグラフです。視覚に訴えることによって大小の比較や傾向などのイメージはつかみやすくなりますが、個々の具体的な数値は把握しにくくなります。

代表的なグラフは、次のように分類できます。

代表的なグラフの特徴

棒グラフ	数値の大きさを比較するのに適している。内訳を示すときには積み上げ棒グラフを用いる。
折れ線グラフ	時の経過に応じた数値の変化をあらわすのに適している。内訳を示すときには層グラフを用いる。
円グラフ	全体に占める割合を比較するのに適している。他のものと比較するときには2重円グラフを用いる。
レーダーチャート	さまざまな角度から分析をして総合的なバランスを評価するのに適している。

(2) 棒グラフで表現

棒グラフは、データの大きさを比較するのに利用されています。これには単純な棒グラフのほか、次ページのような**複合棒グラフ**や**積み上げ棒グラフ**などがあります。

複合棒グラフの例

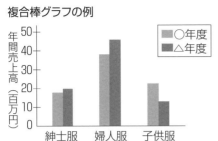

積み上げ棒グラフの例

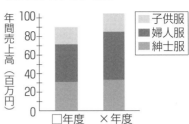

（3）折れ線グラフで表現

　折れ線グラフは、データの時間的な推移（時系列）についてあらわすのに利用されています。これには単純な折れ線グラフのほか、次のような**層グラフ**や**Ｚグラフ**などがあります。

層グラフの例

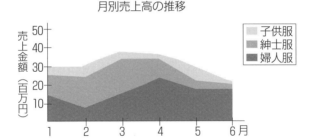

Ｚグラフの例

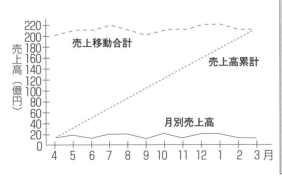

一定期間の売上実績などの動向を分析するもので、毎月の実績値、その累計、移動合計（その月からさかのぼって１年間の累計）の３つの要素を１つのグラフにあらわしたものである。
左のＺグラフでは、毎月の実績値が「——」、その累計が「……」、移動合計が「－－」で示されている。

(4) 円グラフで表現

円グラフは、各項目が全体のなかで占める割合をあらわすグラフですので、データの構成比を比較するのに適しています。2種類のデータの構成比を比較するときには**2重円グラフ**を用います。また、構成比をあらわすグラフには、円グラフのほかに、次のような**帯グラフ**もあります。

二重円グラフの例

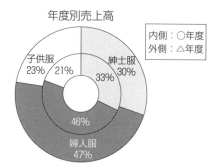

帯グラフの例

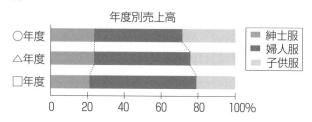

(5) レーダーチャートで表現

レーダーチャートは、**クモの巣チャート**ともいい、複数の要素の数値を放射線状の軸上に点でとり、隣接要素の点を線で結んだグラフです。要素間の比較やバランスを表現するのに適しています。

第1章

レーダーチャートの例

複数の特性間のバランス
やデータの周期性を見る
ときに利用する。

——	A社
----	B社

研究問題

1．A百貨店におけるB商品の1月から6月の売上高（単位：千円）は次
の表のとおりでした。この表からから棒グラフ、折れ線グラフ、円グラ
フを作成して、それぞれを比較してみましょう。

月	1月	2月	3月	4月	5月	6月
売上高	7,826	4,520	5,462	6,815	6,549	6,917

2．Cレストラン・銀座店の顧客評価は次の表のとおりでした。この表か
らからレーダーチャートを作成してみましょう。

評価	雰囲気	サービス	入り易さ	味	立地	価格
得点	8	6	5	7	10	4

第2章　データの度数分布を調べる

1 データ解析の前提

（1）データ解析の目的

　アンケート調査を行って、住所・氏名のような個人情報と個々の回答内容に注目して、誰がどのような回答をしたかを知るだけであれば、それはあくまでも個人情報の収集であって、社会調査ではありません。社会調査としてのアンケート調査は、個人情報の収集は行うのですが、誰がどのような回答をしたかというような特定の個人情報を調べるのではなく、特定個人の識別をできないようにデータ化してさまざまな解析を行います。データ解析は、統計の手法を用いるので、**統計解析**または**統計処理**などということもあります。

　データ解析の目的は、アンケート調査で得たデータを集計・分析して、現状を読み解き、将来を予測する情報に加工するなど、意思決定などを行うための材料として活用できるようにすることです。たとえば、顧客の商品購入についてのアンケート調査によるデータ解析は、企業の販売計画や価格政策に活用されます。

（2）結論に導くためのデータ解析

　データ解析は難しい数式や統計的な計算を使用し、抽象的な数字で結論を示したりするので、理論的で客観的だと思われています。また、多くの場合、パソコンを使ってデータを解析するので、正確で正しい結果が得られると思われがちです。たしかに、データ解析のため

の高性能なソフトウェアが市販され、操作もそれほど難しくありませ
ん。そういったソフトを立ち上げてデータを入力すれば、直ちに分析
結果が画面に示され印刷もできます。しかし、こうした分析結果を示
し要約することが調査の目的ではありません。これは、制約された
データの収集や処理から生み出された分析結果にすぎないのです。
データ解析は、「解釈」を助けるためのデータ加工作業であり、分析
結果に「解釈」を加えて提示することまでが、アンケート調査の範囲
になります。

(3) 統計の基本
①　4つの尺度
　統計的に処理できるデータを得るためには、次のような物差し（尺
度）のいずれかで計る必要があります。アンケート調査では、この4
つの尺度を使いますので、それぞれの尺度にあったデータ解析が必要
になります。

- ・名義尺度…対象者の性別や職業などの特性を便宜的に数字であら
　わしたもの。
- ・順序尺度…好きなものから順に番号をつけるなど順位をあらわす
　もの。
- ・間隔尺度…「良い・ふつう・悪い」のなかから選ばせるように何
　段階かの目盛間隔をつけて評価をあらわすもの。
- ・比例尺度…金額、長さ、重さなどの数値的に比例関係をもつ数字
　であらわすもの。

②　代表値
　グループを代表する数値です。これには平均がよく使われています。
③　ばらつき
　データとその散らばり具合をあらわします。これには後で取り上げ
る度数分布や分散、標準偏差があります。

④　母数と標本

　調査の対象となる全数を**母数**または**母集団**、母集団から抽出された調査対象者を**標本**といいます。

（4）表計算ソフトによるデータ解析

　現在では、パソコンでデータ解析を手軽に行えるさまざまなソフトウェアがあります。最も一般的なのが Microsoft 社の表計算ソフトである Excel です。本書でも、必要と思われるところでは Excel によるデータ解析を取り上げています。

2 度数分布表をつくる

　アンケート調査のデータは、まずどのようなデータがどのくらいあるかを集計します。データの集計では、それぞれの調査項目（変数）について、ある範囲に区切ってデータを数えます。データの範囲を**階級**（class）、その数を**度数**（frequency）または**頻度**といいます。この度数やその各比率などを、次の図のようにまとめた表を**度数分布表**（frequency distribution table）または**単純集計表**といいます。この

値	階級	度数（頻度）	相対度数 (%)	累積相対度数 (%)
		講演会参加者の年齢の度数分布表		
1	10～19歳	11	8.1	8.1
2	20～29歳	18	13.2	21.3
3	30～39歳	36	26.5	47.8
4	40～49歳	29	21.3	69.1
5	50～59歳	22	16.2	85.3
6	60～69歳	13	9.6	94.9
7	70歳以上	7	5.1	100.0
	合計	136	100.0	—

度数分布表は、これから行おうとするさまざまなデータ解析のもととなる重要な表です。

　階級で示された範囲（**階級幅**）の中心の点は、階級を代表する**階級値**です。たとえば、前記の「講演会参加者の年齢の度数分布表」の「20 ～ 29 歳」という階級では、階級値は 25 歳で、階級幅は 10 歳になります。度数分布表の階級の数は、あまり少ないと分布の特徴が見えにくくなるので、階級幅をいろいろと変えて試行錯誤を行い、最も適切にデータの特徴をあらわすことができるように設定します。

　データについて考察する場合、一般に階級ごとの度数分布表の値を直接使用しないで、比率や平均などの分布の様子をあらわす指標を用いることが多いです。この指標を**統計量**（statistics）といいます。

　統計量の代表は比率と平均ですが、**比率**（ratio）はパーセント（%）で表記されることが多く、**相対度数**（relative frequency）ともいいます。また、この比率を 1 つずつ合計していったものを**累積相対度数**（cumulative relative frequency）といいます。

　なお、アンケート調査では、一部の回答が未記入であったり、記入があっても内容が判別できないことがあります。このようなデータを**欠損データ**といいます。比率を求める場合、分母にこのような欠損データを含めているのか含めていないのか、どちらを採用したのかについて、明らかにしておくことが望ましいです。

3 ┃ ヒストグラムをつくる

　前記の「講演会参加者の年齢の度数分布表」を、次ページの図のようにグラフにしたものが**ヒストグラム**（histogram）です。階級ごとの度数を長方形で描くもので、**柱状グラフ**ともいい、一般の棒グラフとは区別することがあります。このほか、線グラフを用いたり、構成比をあらわす場合は、円グラフや 100% 積み上げ棒グラフを用いま

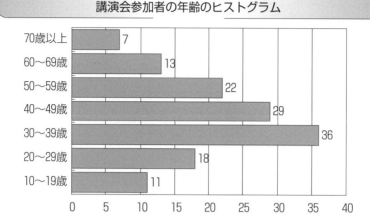

講演会参加者の年齢のヒストグラム

年齢	人数
70歳以上	7
60〜69歳	13
50〜59歳	22
40〜49歳	29
30〜39歳	36
20〜29歳	18
10〜19歳	11

す。なお、棒グラフには、縦棒グラフと横棒グラフ、３Ｄを用いた立体棒グラフなどがあり、わかりやすいグラフを用いるようにします。

4 階級の区切り方

　前記の「講演会参加者の年齢の度数分布表」では、10歳刻みの階級に区切りました。データが多く、もっと細かな分布が必要であれば5歳刻みに区切ることが必要かもしれません。このような数値データは、適切な等間隔幅の級区間（階級）に区切り、ふつう５刻み、10刻み、50刻み、100刻み、500刻みなどに区切ります。この級区間の数をいくつに設定するかは、データの量や種類、詳細度、目的などを判断して決めます。

　10刻み（10区間）に区切った級区間の表現方法の例をあげると、次ページのとおりです。

　毎月の給料や小遣い、年収、売上高、自動車の走行距離などは、調査環境によって数値にかなり広がりがあり、級区間を決めるのは大変です。

級区間（階級）の表現方法の例

0〜9	10〜19	20〜29	30〜39	40〜49	50〜59	60〜69	70〜79	80〜89	90〜100
〜9	〜19	〜29	〜39	〜49	〜59	〜69	〜79	〜89	90〜
10未満	10代	20代	30代	40代	50代	60代	70代	80代	90以上
0〜10未満	10〜20未満	20〜30未満	30〜40未満	40〜50未満	50〜60未満	60〜70未満	70〜80未満	80〜90未満	90以上
10未満	20未満	30未満	40未満	50未満	60未満	70未満	80未満	90未満	90以上

　このような場合、級区間は次のようにして決めます。ここでは、毎月の給料が15万円から110万円で100人のデータがある場合について考えてみます。

①数値の最小値（ここでは15万円）と最大値（ここでは110万円）を求めます。

②範囲を求めます。

　　最大値 − 最小値 = 110 − 15 = 95

③範囲（95）を10や15、20というような区切りのよい数で割ってみます。

　　$95 ÷ 10 = 9.5$　　　$95 ÷ 15 = 6.33…$　　　$95 ÷ 20 = 4.75$

　この例では、商が5や10に近い10区間か20区間がわかりやすいことになります。また、1区間のデータ件数が重要ですが、ここでは10区間を採用することにします。

④級区間を決めます。給料の例では、区間を20万円未満、20〜29万円、30〜39万円、40〜49万円、……、90〜99万円、100万円以上の10区間とします。

⑤度数分布表を作成します。給料の例では、次のようになります。

給料の度数分布表

（単位：万円）

標本数（合計）	20未満	20〜29	30〜39	40〜49	50〜59	60〜69	70〜79	80〜89	90〜99	100以上
100	7	11	15	21	16	13	8	5	3	1

⑥ヒストグラムを作成します。給料の例では、次のとおりです。ここでは、3D を用いた立体棒グラフにしました。

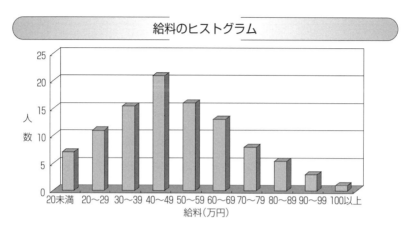

給料のヒストグラム

5 単一回答の度数分布

　回答群のなかで必ず１つを選ぶようにしたのが単一回答です。この場合、標本数と度数の合計は一致し、構成比の合計は 100％になります。

　たとえば、講演会参加者を対象に、満足度を調査したときの度数分布表は、次のとおりです。無回答や不明の回答があった場合は、それらに１つの階級を与えます。

講演会参加者の満足度の度数分布表

	標本数	満足	やや満足	どちらともいえない	やや不満	不満	無回答
度　数	461	105	186	94	41	27	8
構成比 (%)	100.0	22.8	40.3	20.4	8.9	5.9	1.7

6　複数回答の度数分布

　回答群のなかで該当するものを複数選ぶようにしたのが複数回答です。それぞれに回答した人の度数を数えますが、構成比の合計は100%以上になります。

　たとえば、学生の電子機器所有状況を調査したときの度数分布表は、次のとおりです。ここでは、学生は所有している電子機器を複数選んで回答しています。また、各階級に該当しない人（電子機器を所有していない人）の度数や構成比は示していませんが、読み取ることはできます。たとえば、パソコンの所有率が73.1%であるということは、パソコンの非所有率が26.9%あることを示すことになります。ただし、厳密には無回答がありますから、パソコンの非所有率は若干低くなることが考えられます。

学生の電子機器所有状況の度数分布表

	標本数	パソコン	携帯電話	電子辞書	音楽プレーヤ	デジカメ
度　数	52	38	49	35	26	15
構成比 (%)	－	73.1	94.2	67.3	50.0	28.8

研 究 問 題

次に示すA図書館における1か月の利用状況のデータから、度数分布表とヒストグラムを作成してみましょう。

値	年齢	利用回数	値	年齢	利用回数	値	年齢	利用回数
01	5未満	62	06	25〜29	211	11	50〜54	134
02	5〜9	215	07	30〜34	352	12	55〜59	125
03	10〜14	326	08	35〜39	528	13	60〜64	396
04	15〜19	416	09	40〜44	481	14	65〜69	413
05	20〜24	368	10	45〜49	253	15	70以上	324

参 考　Excel

表計算ソフトExcelでは、度数分布はFREQUENCY関数を用います。

第**3**章　統計量とはどのようなものか

　データの分布の特徴がある程度わかるような数値的指標を**統計量**（statistics）といいます。ここでは、統計量のなかで最も一般的な代表値と散布度のほか、それに関連するいくつかの統計量について取り上げます。

1　代表値とはどのようなものか

　代表値は、データの分布の特性を 1 つの値であらわしたもので、全体の傾向をつかむことができます。これには、次のようなものがあります。

平均値（mean）	数値の合計を数値の個数で割ったもの。
中央値（median）	メジアン。数値を小さい順に並べたとき、中央に位置する値。数値の個数が偶数個の場合、中央値は 2 つになるのでその平均値をとる。
最頻値（mode）	モッド。出現数が最も多い数値。複数あれば最初の値。
範囲（range）	レンジ。最大値と最小値の差。

[**例**] 次の 8 個のデータの代表値を求めてみます。

45	55	55	55	65	65	70	70

・平均値 ＝（45 ＋ 55 ＋ 55 ＋ 55 ＋ 65 ＋ 65 ＋ 70 ＋ 70）÷ 8 ＝ 60

　　　　　　数値をすべて加算し、数値の個数で割って求める。

・中央値 ＝（55 ＋ 65）÷ 2 ＝ 60

　　　　　　数値の個数が偶数なので、中央に位置する 2 つの値の平均

　　　　　を求める。

・最頻値 ＝ 55

　　　　　55 が３回出現し、最も多い。

・範　囲 ＝ 70 － 45 ＝ 25

　　　　　数値の最大値 70 と最小値 45 の差から求める。

　一般にデータの分布の中心的な位置（分布の重心）になるのが**平均値**で、最も多く利用される代表値です。しかし、外れ値と呼ばれる異常に大きい値があったり異常に小さい値があったりする場合があります。たとえば、前記の８個のデータの例では平均値は 60 になりますが、このうち１個の 70 という数値が 150 であったとすると、１つの外れ値のために平均は、次の計算のとおり 70 になります。

・平均値 ＝（45 ＋ 55 ＋ 55 ＋ 55 ＋ 65 ＋ 65 ＋ 70 ＋ 150）÷ 8 ＝ 70

　このような歪みのある分布では、次の図に示す例のように、平均によるよりも、データを小さい順に並べてその 50％に対応する**中央値**を代表値にするほうがよい場合があります。また、最も多く出現する数値である**最頻値**を用いる場合もあります。どの代表値が分布の中心

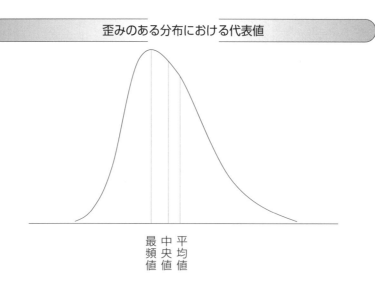

歪みのある分布における代表値

最頻値　中央値　平均値

的な位置をあらわす指標となるかは一概にいえませんが、分布の形や目的などによって決めることになります。

2 散布度は散らばりの度合い

　散布度はデータの散らばりの度合いを示す指標です。たとえば、試験の点数を例にとると、平均より10点多いということは、点数の散らばりが小さければ、かなり上位になりますが、点数の散らばりが大きければ、自分より点数の高い人は数多くいることになります。

　散布度の最も単純なものは範囲（レンジ）です。これはデータ全体の最大値と最小値の差です。範囲は、すべてのデータが含まれるデータの値域の幅ですから、分布を示すにはわかりやすい値です。

　しかし、両端の値は外れ値と呼ばれる異常に大きい値か異常に小さい値になっているおそれがありますので、これを考慮しなければならないことがあります。そのためには、データを小さいものから大きい順（昇順）に並べて、これを25％ごとに区切り（たとえば、次の図のように Q_1、Q_2、Q_3 で区切り）、最初の25％の境界値（Q_1）と最後の25パーセントの境界値（Q_3）の差を散布度の指標にすることがあります。25％刻みで全体を4つに分割するので、四分位範囲といいます。

[四分位範囲の例]

| | | | | Q_1 | | | | | Q_2 | | | | | Q_3 | | | | |
|18|34|42|44|45|45|48|49|49|51|52|52|54|55|55|57|59|60|62|

・四分位範囲 = $Q_3 - Q_1$ = 55 − 45 = 10

　散布度を示す指標には、このほかに、分散、標準偏差などがあります。このように、散布度には複数の指標がありますので、いくつかのデータの散布度を比較したい場合には、いずれも同じ指標を用いなければなりません。

3　分散を求める

　散布度は、範囲（レンジ）だけでなく、それぞれのデータが平均値からどれだけずれているか、ということからデータの散らばりの度合いを見ることができます。これを**分散**（variance）といい、個々のデータの値と平均値との差（**偏差**）を2乗し、さらにその平均値を求めたものであらわされます。

　実は、さまざまな値について、その偏差の2乗の平均値を求めてみると、最小は0となり、平均値から離れているデータが多いほど分散の値は大きくなります。たとえば、データがすべて60であれば平均値は60になり、個々のデータの偏差の2乗の平均値は0になるので、データは平均値からまったく散らばっていないことになり、分散も0になります。そこで、個々のデータの偏差の2乗の平均値を散布度の指標（分散）として用いることが考え出されました。分散を式にすると、次のとおりです（nはデータ数を示します）。

　　分散＝{(値$_1$－平均)^2＋(値$_2$－平均)^2＋……＋(値$_n$－平均)^2}÷n

この式は、整理をすると次のようにあらわすこともできます。

　　分散＝{(値$_1$)^2＋(値$_2$)^2＋……＋(値$_n$)^2}÷n－平均^2

　これは「各データの2乗の値の平均値」から「平均値の2乗の値」を引いたもので、電卓などで計算するときには、こちらのほうが便利でしょう。

　前記（161ページ）の8個のデータの例の分散を求めると、次のようになります。

　　分散＝$(45^2 + 55^2 + 55^2 + 55^2 + 65^2 + 65^2 + 70^2 + 70^2) \div 8 - 60^2$
　　　　＝$(2025＋3025＋3025＋3025＋4225＋4225＋4900＋4900) \div 8 - 3600$
　　　　＝68.75

　分散では、平均値から離れているデータが多いほど値は大きくなります。

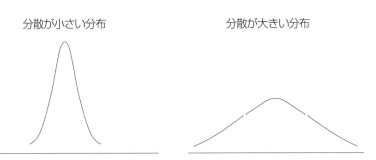

分散が小さい分布　　　　　　　　　分散が大きい分布

4 標準偏差を求める

　分散の正の平方根を**標準偏差**（standard deviation：SD）と呼びます。データを２乗すると単位も２乗されてしまうので、散布度の指標として利用するには、分散の平方根によって単位をもとのデータにあわせた標準偏差を利用するほうがわかりやすいと考え、多く利用されています。標準偏差は、次の式であらわします。平方根は、ルート記号を用います。〔→章末の「コラム・平方根（$\sqrt{}$：ルート）」参照〕

標準偏差＝$\sqrt{分散}$

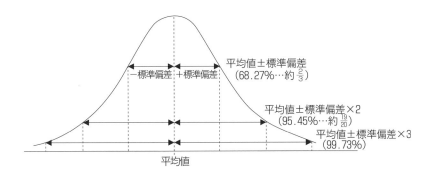

　前記（161 ページ）の 8 個のデータの例の標準偏差を求めると、次のようになります。ここでは、前に計算をした分散の値を用いています。

$$標準偏差 = \sqrt{68.75} = 8.2916$$

　分散と標準偏差は、どちらもデータの散らばり具合をあらわす統計量です。標準偏差は、平方根を使っているので単位がデータと同じになり、直感的な解釈が可能になります。そのため、一般的には、標準偏差を用いることが多いのですが、統計の立場ではむしろ分散のほうが他の式でも利用するので扱いやすいようです。

　ここでは、もう 1 つ、分散と標準偏差を求める例を見てみましょう。

［例］次の 6 個のデータの分散と標準偏差を求めてみます。

2	3	3	5	8	9

・合計 = 2 + 3 + 3 + 5 + 8 + 9 = 30
・平均 = 30 ÷ 6 = 5
・分散 = $\{(2-5)^2+(3-5)^2+(3-5)^2+(5-5)^2+(8-5)^2+(9-5)^2\}÷6=7$
　また、分散は、次の式でも求められます。
・分散 = $(2^2 + 3^2 + 3^2 + 5^2 + 8^2 + 9^2) ÷ 6 - 5^2 = 7$
・標準偏差 = $\sqrt{7} = 2.646$

5 | 平均の取り扱い

　データを概観するために平均がよく使用されています。すでに述べたように、データの分布を考慮せず、どのような場合でも平均によってデータの性質を読み取ろうとする平均志向的傾向の強いことが多く見られるのも事実です。新聞や雑誌などで示された平均回数、平均得点、平均金額などが各個人のもつ数値とずれていると不安になることも多いと思います。平均は、代表値として、大量のデータのもつ性格をただ 1 つの数値で示すことができる便利なものですが、平均だけで

すべてを判断するのは危険です。データの特徴や特性を見るには、これまであげたようなデータから導き出される各種の数値を適切に用いて判断することが重要です。また、データは、数値そのもので利用するよりもヒストグラムなどによって視覚化したほうが偏りのない情報を読み取ることができる場合も多いです。データの種類によってさまざまな手法を上手に使い分けることが大切です。

研 究 問 題

次のデータの代表値および分散、標準偏差を求めましょう。

(1)

3	4	4	6	7	9

(2)

112	113	115	115	122	122	124	124	124	125	128	128

参 考　Excel

（1）平方根（ルート）を求める関数

表計算ソフト Excel では、平方根は SQRT 関数を用います。

（2）統計量を求める関数

統計量を求めるためには、次の関数を用います。

合計	SUM	平均値	AVERAGE
中央値	MEDIAN	最頻値	MODE.SNGL
最大値	MAX	最小値	MIN
分散	VAR.P	標準偏差	STDEV.P

| 参　考 | **数式解説** |

（1）平均値

　平均値はそれぞれの値 Xi を合計し、それをデータ数 n で割ったもので、次の数式であらわすことができます。平均値は $\overline{X}$ で、Σ はシグマ（sigma）記号といい、n 個のデータがあった場合、i の値を 1 から n まで変えながらデータを 1 つずつ加算していく操作をあらわしています。〔→章末の「コラム・よく使用されるギリシャ文字」参照〕

$$\overline{X} = \frac{1}{n} \sum_{i=1}^{n} Xi = \frac{1}{n}(X_1 + X_2 + \cdots\cdots + X_n)$$

（2）分　散

　変数 X の分散を S_{χ^2} すると、次の数式であらわすことができます。

$$S_{\chi^2} = \frac{1}{n} \sum_{i=1}^{n}(X_i - \overline{X})^2$$

　この数式は、Σ を展開して整理すれば、次のようにあらわすことができます。

$$S_{\chi^2} = \left(\frac{1}{n} \sum_{i=1}^{n} X_i{}^2\right) - \overline{X}^2$$

（3）標準偏差

　標準偏差は、分散 S_{χ^2} の平方根で、次のようにあらわします。

$$S_\chi = \sqrt{分散} = \sqrt{S_{\chi^2}}$$

平方根（$\sqrt{\ }$：ルート）

　ある数の２乗が a に等しいとき、a の平方根といい、$\sqrt{a}$ とあらわします。たとえば、3の2乗は9ですので、9の平方根（$\sqrt{9}$）は3になります。1つの正の数に対して、その平方根は正と負の2つがあります。

$$「例」\quad \sqrt{9}=\sqrt{3\times3}=\sqrt{3^2}=3$$
$$\sqrt{25}=\sqrt{5\times5}=\sqrt{5^2}=5$$
$$\sqrt{25}=\sqrt{(-5)\times(-5)}=\sqrt{(-5)^2}=-5$$

よく使用されるギリシャ文字

　社会調査や統計では、ギリシャ文字がよく使用されています。また、使うときの意味もだいたい決まっています。とくに多く使用されるギリシャ文字には、次のようなものがあります。

　　Σ（シグマ）：総和

　　σ（シグマ）：標準偏差　　σ^2（シグマ2乗）：分散

　　μ（ミュー）：母平均

　　χ（カイ）・χ^2（カイ2乗）：検定・分布

　　α（アルファ）：母集団特性値の推定を誤る危険率

　　ε（イプシロン）：プラスマイナスの幅や誤差の幅

第4章　2変数の相関を見るクロス集計

1　2変数の相関とはどのようなことか

　私たちは生活のなかでさまざまな経験をし、それを知識として吸収しながら新しい行動に役立てています。たとえば、「テレビを見ると目が悪くなる」ということがわかれば、できるだけテレビを見ない行動をとるでしょう。しかし、実際にデータを調べてみると、「テレビを見る」ことと「目が悪くなる」ことには関連性がなかったり、さらにこのことをよく調べてみると、「テレビを"長時間"見る」という状況下では強い関連性があるというように、1つの要素の関連性をデータのなかから客観的に見つけ出すことは調査の重要な働きです。

2　クロス集計表を作成する

　アンケート調査を行ったら、質問の回答ごとに度数を集計しますが、そのなかの2つの項目に注目し、それらをクロスさせて同時に集計した表を**クロス集計表**（cross tabulation）と呼び、2つの変数の関連の仕方を見るために用いられます。

　たとえば、講演会のアンケート調査において、講演の満足度についての回答（変数Y）を回答者の性別（変数X）とクロスさせてみます。これをまとめたのが次ページの表です。

講演会のアンケート調査集計表

	満足	どちらでもない	不満	合計
男　性	54	26	40	120
女　性	48	18	14	80
合計	102	44	54	200

　集計表などの１つひとつのマス目を**セル**といい、それぞれの回答の数は度数ですので、この度数を**セル度数**とも呼びます。表の横の並びを**行**（row）、縦の並びを**列**（column）といいます。この表では、合計として度数を行と列で集計していますが、この度数の合計を**周辺度数**といい、それぞれ行和および列和といいます。また、これらの分布を**周辺分布**（marginal distribution）といいます。すべての合計（総合計）は表の右下に示されていて**全体度数**ともいいます。

　クロス集計表では、２変数の関連性を調べるため、それぞれの度数に対する相対度数(%)、期待度数、セルカイ２乗などを計算します。

（1）相対度数

　クロス集計表では、度数から行和、列和、全体度数（総合計）が計算できたら**相対度数**を求めます。相対度数は、全体度数、行和、列和を100%として、それに対応するセル度数の相対度数を、次ページのようにして計算します。

総パーセント＝各セル度数÷全体度数

行パーセント＝各セル度数÷行和

列パーセント＝各セル度数÷列和

たとえば、「男性」の「満足」の相対度数は、次のようになります。

総パーセント ＝ 54 ÷ 200 ＝ 0.27 ＝ 27.00%

行パーセント ＝ 54 ÷ 120 ＝ 0.45 ＝ 45.00%

列パーセント ＝ 54 ÷ 102 ＝ 0.5294 ＝ 52.94%

前ページの「講演会のアンケート調査集計表」では、それぞれの相対度数は次のようになります。

講演会のアンケート調査集計表の相対度数

		満足	どちらでもない	不満	合計
男　性		54	26	40	120
	総%	27.00	13.00	20.00	60.00
	行%	45.00	21.67	33.33	100.00
	列%	52.94	59.09	74.07	―
女　性		48	18	14	80
	総%	24.00	9.00	7.00	40.00
	行%	60.00	22.50	17.50	100.00
	列%	47.06	40.91	25.93	―
合　計		102	44	54	200
	%	51.00	22.00	27.00	100.00

この「講演会のアンケート調査集計表」では、行の合計が男性（120）と女性（80）とで同数に揃（そろ）っていないため、カテゴリー（範疇（はんちゅう））ごとに単純に男性と女性とを比較できないことがその解釈を難しくしています。すなわち、男性のなかでの比率と女性のなかでの比率を比較する行パーセント以外は、相対度数をそのまま単純に比較することはできないので、十分に注意して解釈する必要があります。

このクロス集計表では、行パーセントを見ると、満足している人の

割合は男性（45.00％）より女性（33.33％）のほうが多く、どちらでもない人の割合は男性・女性共ほぼ同じですが、不満に思っている人の割合は男性（31.67％）のほうが圧倒的に多いということなどがわかります。

　なお、この「講演会のアンケート調査集計表」では、男性と女性の人数合計が異なるので、男性と女性の総パーセントと列パーセントを算出する意味はとくにありません（もちろん、男性と女性の人数合計が同じがあれば、総パーセントも列パーセントもそのまま比較することが可能です）。

（2）期待度数

　ここでは、2変数間に関連性がないという状況を想定してみましょう。前記の「講演会のアンケート調査集計表」で、男性の満足状態と女性の満足状態が同じで相互に関連がないとすると、その比率は男性も女性も総合計人数に対するそれぞれの合計人数の比率と同じになるでしょう。そこで、「男性」と「女性」の「満足」である人を計算で求めてみると次のようになります。

「男性」… $(54 + 26 + 40) \div 200 \times (54 + 48)$
　　　　　$= (120 \div 200) \times 102 = 61.2$ 人
「女性」… $(48 + 18 + 14) \div 200 \times (54 + 48)$
　　　　　$= (80 \div 200) \times 102 = 40.8$ 人

　このように、2変数間に関連性がないとするとき、その周辺度数の比率に応じて、各セルに期待される度数を理論的に求めることができます。この仮想的な度数を**期待度数**といいます。これは、そのセル度数の行和と列和から、次のようにして計算できます。

　　期待度数 ＝ 行和÷全体度数×列和

　前記の「講演会のアンケート調査集計表」の期待度数は、次ページのとおりです。

	満足	どちらでもない	不満	合計
講演会のアンケート調査集計表の期待度数				
男　性	54	26	40	120
期待度数	61.2	26.4	32.4	―
女　性	48	18	14	80
期待度数	40.8	17.6	21.6	―
合　計	102	44	54	200

　「男性」と「女性」の「満足」である人の期待度数は、男性が61.2、女性が40.8であるのに対して、実際の度数は、男性が54、女性が48ですから、かなりずれがあるので、2変数間には関連性があることになります。

（3）セルカイ2乗

　期待度数からでも2変数間の関連は読み取れますが、さらにセルカイ2乗を求めると2変数間の関連がわかりやすくなります。**セルカイ2乗**（セル χ^2）は、2変数間に関連性がないときに期待される期待度数から、実際に回答のあったセル度数がどれほどずれているかを見るものです。セルカイ2乗は、次のようにして求めます。

セル χ^2 ＝（セル度数－期待度数）^{2} ÷期待度数

　このセル χ^2 の値の大きいセルが、ズレの大きいセルだということになります。たとえば、前記の「講演会のアンケート調査集計表」における「男性」と「女性」の「満足」のセルカイ2乗は、次のようにして求めます。

「男性」のセル χ^2 ＝ $(54 - 61.2)^2 ÷ 61.2$

$\qquad\qquad = (-7.2) \times (-7.2) ÷ 61.2 = 0.85$

「女性」のセル χ^2 ＝ $(48 - 40.8)^2 ÷ 40.8$

$\qquad\qquad = (7.2) \times (7.2) ÷ 40.8 = 1.27$

　「男性」と「女性」の「満足」である人の実際の度数と期待度数の差は、どちらも 7.2（男性の差 = 54 − 61.2 = − 7.2、女性の差 = 48 − 40.8 = 7.2）で同じですので一見同じように思えます。しかし、男性の合計人数のほうが多いため、相対的には女性のほうがかい離していることになります。このように、期待度数ではどの度数が期待度数からどれほどかい離しているかすぐにはわからないのでセルカイ２乗を求めるわけです。したがって、セルカイ２乗の値が最も大きい項目が一番大きく期待度数とかい離していることになるので、その項目から注目することになります。

（４）セルカイ２乗を読む

　前記の「講演会のアンケート調査集計表」のセルカイ２乗は、次のとおりです。

講演会のアンケート調査集計表のセルカイ２乗

		満足	どちらでもない	不満	合計
男　性		54	26	40	120
	期待度数	61.2	26.4	32.4	—
	セル χ²	0.85	0.01	1.78	—
女　性		48	18	14	80
	期待度数	40.8	17.6	21.6	—
	セル χ²	1.27	0.01	2.67	—
合　計		102	44	54	200

　セルカイ２乗の値から見ると、最も高いのは「女性」の「不満」で 2.67、度数（14）は期待度数からかなりかい離して低いことがわかります。つづいて「男性」の「不満」も 1.78 で、度数（40）は期待度数より高いことがわかります。今後は、男女を対象とする講演会を開催するのであれば、男性にも十分に満足してもらえるように見直しが

必要になります。

（5）カイ２乗検定（独立性の検定）

　カイ２乗（χ^2）検定をするには、これまでに求められたセルカイ２乗を使ってカイ２乗の値を次のようにして求めます。

　　　カイ２乗（χ^2）＝セルχ^2の合計

　　　　　　　　　　 ＝ 0.85 ＋ 0.01 ＋ 1.78 ＋ 1.27 ＋ 0.01 ＋ 2.67 ＝ 6.59

　この値が統計的に差があるかどうかの判断は、下記の「カイ２乗（χ^2）の表」を用います。この表で必要な**自由度**（degree of freedom：DF）は、推定や検定を行う際の偶然ではなく必然的に差が生じる点である有意点の値で、分散を変えないで自由に動かせるデータの数でもあります。この「講演会のアンケート調査集計表」では、自由度は次のようにして求めます。

　　　自由度（DF）＝（行の項目数－１）×（列の項目数－１）

　　　　　　　　　 ＝（３－１）×（２－１）＝２

　「カイ２乗（χ^2）の表」の５％の有意水準の自由度２の有意点の値を見ると5.991です。求めたカイ２乗（χ^2）は6.59と有意点より大きいので、このクロス集計表は５％の水準で有意差があることがわか

有意水準５％と１％の「カイ２乗（χ^2）の表」

（p は有意水準）

自由度	1	2	3	4	5	6	7	8	9	10
p=0.05	3.741	5.991	7.815	9.488	11.070	12.592	14.067	15.507	16.919	18.307
p=0.01	6.635	9.210	11.345	13.277	15.086	16.812	18.475	20.090	21.666	23.209
自由度	11	12	13	14	15	16	17	18	19	20
p=0.05	19.675	21.026	22.362	23.685	24.996	26.296	27.587	28.869	30.144	31.410
p=0.01	24.725	26.217	27.688	29.141	30.578	32.000	33.409	34.805	36.191	37.566
自由度	21	22	23	24	25	26	27	28	29	30
p=0.05	32.671	33.924	35.172	36.415	37.652	38.885	40.113	41.337	42.557	43.773
p=0.01	38.932	40.289	41.638	42.980	44.314	45.642	46.963	48.278	49.588	50.892

ります。したがって、男性と女性という変数に関連性が強くあり、女子の「不満」がとくに少ない割に、男性のほうの「不満」が有意に多いことになります。このような分析を**カイ２乗（χ^2）検定**または**独立性の検定**といいます。

研 究 問 題

１．次のクロス集計表を作成し、カイ２乗検定を行い、解説してみましょう。
(1) インターネットの利用状況

	よく利用する	時々利用する	利用しない	合計
若年層 15～29 歳	29	19	2	50
総%				
行%				
列%				
期待度数				
セル χ^2				
中年層 30～49 歳	23	27	10	60
総%				
行%				
列%				
期待度数				
セル χ^2				
高年層 50 歳以上	12	28	30	70
総%				
行%				
列%				
期待度数				
セル χ^2				
合　計	64	74	42	180
%				

177

（2）インターネットの接続形態

	ISDN	ADSL	FTTH	その他	合計
埼玉県A町	85	380	126	12	
総%					
行%					
列%					
期待度数					
セルχ^2					
千葉県B町	56	334	112	10	
総%					
行%					
列%					
期待度数					
セルχ^2					
東京都C町	108	1303	312	31	
総%					
行%					
列%					
期待度数					
セルχ^2					
神奈川県D町	66	509	183	22	
総%					
行%					
列%					
期待度数					
セルχ^2					
合　計					
%					

コラム　**計算の順序はどうなっているか**

１　演算記号には、実行上の優先順位があります。

　　　第１順位　べき乗やルート

　　　第２順位　×および÷

　　　第３順位　＋および−

　　したがって、計算式のなかでは、最初にべき乗やルートが計算され、その後にかけ算や割り算、そして足し算や引き算の順序で計算されます。

２　演算の実行順序を、もう少し詳しく見ておきましょう。

　Ａ　同一の算術式のなかで異なる順位の演算記号が使われているときには、演算記号の優先順位にしたがって計算が行われます。

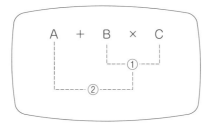

　Ｂ　同一の計算式のなかで同じ順位の算術記号が使われているときには、左から右へと演算が実行されます。

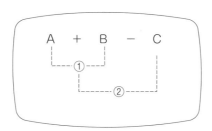

C　演算の実行順序を変えるためにカッコを使うことができます。カッコを使うとカッコのなかが優先して実行されます。

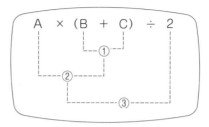

D　カッコが2重以上のときは、内側のカッコから外側のカッコへと演算が実行されます。

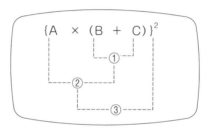

第**5**章　2変数の相関を求めるクロス分析

1　クロス分析による2変数の相関

　クロス分析は、2つの変数の間で、一方が増加するにつれて他方がどのように変化するかを分析するものです。クロス分析では、一方が増加するときに、他方が直線的に増加または減少する関係がある場合に限って分析が可能となるので、直線関係にないときには、2変数がどのような傾向をもっているのかを見つけることはできません。2変数についての相関は、散布図を描いて直線関係にあるかどうかを調べます。

2　クロス分析はどのようなときに使うか

　クロス分析は、2変数の相関を散布図を描いて分析しますが、どのようなときに使用するのでしょうか。具体的な例は、次のとおりです。

・個人（世帯）の年収と商品やサービスを1年間に購入する金額との間にどのような関係があるのかを知りたい。

・商品の使用年数と顧客満足度との間にどのような関係があるのかを知りたい。

・学校における生徒数と欠席状況との間にどのような関係があるのかを知りたい。

・劇場の入場者と売店での売上げとの間にどのような関係があるの

第5章

かを知りたい。

・市町村の戸建て住宅戸数と乗用車台数との間にどのような関係が
　あるのかを知りたい。

・市町村の世帯数と携帯電話台数との間にどのような関係があるの
　かを知りたい。

3 散布図を作成する

　2つの量的変数間の関連の仕方は、X軸とY軸からなる2次元の平
面に各種の組（X_i, Y_i）の点をプロットした図を作成するとわかり
やすくなります。これを**散布図**（scatter gram）といいます。

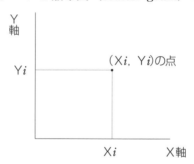

　たとえば、次ページの上にある数学と理科の成績の散布図を示す
と、次ページの下にあるとおりになります。

数学と物理の成績

氏　名	淡路	石倉	石田	井山	梅沢	大竹	大矢	小川	奥田	片岡
数学(X)	74	77	41	66	89	72	64	90	48	58
物理(Y)	65	72	32	58	82	60	56	85	36	48
氏　名	加藤	木谷	工藤	河野	小林	坂井	坂田	下坂	鈴木	高尾
数学(X)	74	81	58	74	66	79	58	86	89	92
物理(Y)	60	66	52	56	50	62	44	72	68	78
氏　名	高川	武宮	長島	中山	橋本	羽根	藤沢	穂坂	万波	溝上
数学(X)	68	79	58	76	83	68	88	62	75	78
物理(Y)	55	59	40	53	69	54	70	46	58	56
氏　名	三村	宮沢	向井	矢代	山下	山城	山田	結城	依田	平均
数学(X)	58	84	81	69	73	68	63	77	64	72.0
物理(Y)	44	70	61	52	67	55	50	63	46	58.2

数学と物理の成績の散布図

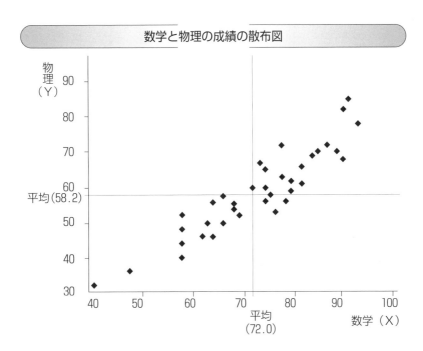

　このように、散布図で示すと、数学と理科という２変数の関連が見えてきます。

　典型的な散布図を示すと、次のようになります。

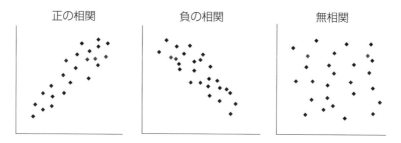

正の相関　　　　　負の相関　　　　　無相関

　正や負の相関で、２つの変数のデータの対が１つの直線上にすべて乗るような関係にあれば「完全に相関する」といい、その傾きによって「正の完全な相関」または「負の完全な相関」といいます。前記の「数学と物理の成績の散布図」では、数学の成績と物理の成績には正の相関があることがわかります。正の相関とは、この場合、数学の成績が高いとき物理の成績も高くなることを示しています。また、負の相関とは、数学の成績が高いとき反対に物理の成績は低くなることを示します。

4 ｜ 共分散を求める

　２つの量的変数の相関の強さを示す指標に**共分散**（covariance）があります。

　共分散は、個々のデータの対における平均からの偏差の積の全データについての平均値で、直線的な相関の強さを指標化するため、次のようにして求めます。ここでは、２つの変数をX・Yとあらわし、Xの１番目の値をX_1、２番目の値をX_2、……とあらわし、Yの１番目の値をY_1、２番目の値をY_2、……とあらわします。また、Xの平均

をX̄、Yの平均をȲとあらわし、XとYのデータ件数をnとあらわし
ます。

$$共分散 = \{(X_1 - \bar{X}) \times (Y_1 - \bar{Y}) + (X_2 - \bar{X}) \times (Y_2 - \bar{Y})$$
$$+ (X_3 - \bar{X}) \times (Y_3 - \bar{Y}) + \cdots\cdots + (X_n - \bar{X}) \times (Y_n - \bar{Y})\} \div n$$

　分散では、1つの変数に対する散らばりを、個々のデータと平均値
との差（偏差）を2乗し、これをすべて合計したものをデータ件数で
割って求めていましたが、ここでは2変数の分散（共分散）を求めま
すので、「個々のデータの平均からの偏差の2乗」の部分が、「個々の
データの対における平均からの偏差の積」になります。

　たとえば、数学と物理の成績では、前記の「数学と物理の成績」の
表から、共分散は次のようにして計算します。なお、数学の平均は
72.0、物理の平均は58.2となっています。

$$共分散 = \{(74 - 72.0) \times (65 - 58.2) + (77 - 72.0) \times (72 - 58.2)$$
$$+ (41 - 72.0) \times (32 - 58.2) + \cdots\cdots\} \div 39$$

　共分散は、散布図上の点（X̄，Ȳ）である平均を中心にして、右上
方向と左下方向に位置するデータが多くなれば共分散の値はプラスに
大きくなり、逆に左上方向と右下方向に位置するデータが多くなれ
ば、マイナスに大きくなる傾向をもちます。たとえば、正の相関が強
くなれば、共分散は正の大きい値となり、散布図では右上がりの直線
に近くなります。また、負の相関が強くなれば、共分散は負の大きい
値となり、散布図では右下がりの直線に近くなります。無相関の場
合、共分散は0になります。

5 相関係数を求める

　共分散では、変数の単位や散らばりの度合いの影響を受けるので、
これを除いて2変数間の相関をあらわす指標が**相関係数**（correlation
coefficient）です。ここでいう相関係数は、正式には「ピアソンの積

率相関係数」のことで、単に相関係数といえば、これを指すのが一般的です。相関係数は、共分散を2つの変数の標準偏差の積で割って、次のようにして求めます。

相関係数＝共分散÷（Xの標準偏差 × Yの標準偏差）

相関係数では、それぞれの変数の単位や散らばりの大小の影響がなくなるので、変数間の関連の程度を比較することができるようになります。たとえば、前記の「数学と物理の成績」の表から、共分散は126.90、数学の標準偏差は11.72、物理の標準偏差は11.76となり、相関係数は、次のようになります。

相関係数 = 126.90 ÷（11.72 × 11.76）= 0.921

（1）相関係数を評価する

相関係数は、－1から＋1の間の値をとり、その符号がマイナスの場合は負の傾き、プラスの場合は正の傾きを示します。相関係数が＋1になる場合には、散布図では完全に一直線で右上がりになり、－1になる場合には、完全に一直線で右下がりになります。1つの目安として、相関係数の大きさ（絶対値）は、次のように評価することができます。

相関係数	相関の程度
±0.7～±1.0	かなり高い相関がある
±0.5～±0.7	高い相関がある
±0.4～±0.5	中程度の相関がある
±0.3～±0.4	ある程度の相関がある
±0.2～±0.3	弱い相関がある
±0.0～±0.2	ほとんど相関がない

「数学と物理の成績」では相関係数は0.921ですから、数学の成績と物理の成績の間にはかなり高い相関があることを示しています。

（２）相関係数の評価で注意すること

　相関係数から２つの変数の関連性を評価する場合、計算された相関係数の値をそのまま鵜呑みにしないで、２つの変数はどのような集団で、どのような特徴をもっているか、あるいは、２つの変数に影響を及ぼすような他の要因はないかなどについて、チェックしておくことが必要です。いくつかの例を示すと次のとおりです。

① 全体と小グループの関係

　全体に対しては相関係数が大きいが、小グループ内では相関が見られない場合です。たとえば、小学校の低・中・高学年を小グループとすると、図書館の利用について、それぞれのグループ内ではほとんど相関はないが、全体で見ると図書館の利用度は高くなるという傾向を示すことがあります。この場合、小グループ内だけの相関を調べても十分な観測結果が得られないことになります。

　また、この反対に、小グループ内では相関係数が大きいが、全体では相関が見られないということもあります。

② 相関を低く観測

　実際には高い相関があるにもかかわらず、ある段階で集団が一部切り取られたり、押さえ込まれたりして、相関が低く観測されてしまうようなことがあります。たとえば、100点満点の人が数多くいる集団では、100点以上の実力があっても、100点で押さえ込まれてしまうことになります。

③ 相関関係と因果関係

　関連性のありかたには相関関係と因果関係があります。

　相関関係（correlation）は、２つの変数の間に、一方が変化すればそれにつれて他方も変化するというように、２つの変数が深く関わり合う関係で、どちらがどちらに影響を与えているかわからない関係です。ここで例をあげた数学と物理の関係では、数学ができるから物理ができるのか、物理ができるから数学ができるのかわかりません。こ

のような関係が相関関係です。

　因果関係（causal relation）は、原因があって、それが結果に影響を与えていると考えられる関係です。たとえば、台風が来たので洪水になったというのは、台風が原因でその結果洪水になったということで、逆の関係は考えられません。この場合、台風と洪水は因果関係にあるといいます。

④　**2変数に対する他の影響**

　2変数以外の要因が相関に影響を与えている場合があります。2つの変数の間に関連性がないにもかかわらず、第3の変数から影響を受けて、相関があるような観測結果を得ることがあります。これを**疑似相関**といいます。このような場合には、第3の変数の影響を受けないようにするため、第3の変数を除去した相関係数を求めます。これを**偏相関係数**といいます。このように、第3の変数の影響を取り除いて分析したりすることを**変数のコントロール**といいます。

研究問題

　次ページのデータから散布図を作成するとともに、共分散、相関係数を求めて、戸建て住宅戸数と乗用車台数の関係について解説してみましょう。

戸建て住宅戸数と乗用車台数

都道府県	戸建て住宅戸数 (千戸)	乗用車台数 (千台)
北海道	1348	2708
宮城	556	1177
群馬	606	1294
埼玉	1597	3028
千葉	1391	2650
東京	1803	3115
神奈川	1584	2999
静岡	996	2101
愛知	1510	3893
京都	682	978
大阪	1598	2687
広島	747	1377
福岡	1048	2406
鹿児島	587	892

参 考　　数式解説

（1）共分散

共分散（Sxy）は、次のようにして求めます。

$$S_{xy} = \frac{1}{n} \sum_{i=1}^{n} (X_i - \bar{X})(Y_i - \bar{Y})$$

（2）相関係数

相関係数（Rxy）は、次のようにして求めます。Sxy は x と y の共分散、Sx は x の標準偏差、Sy は y の標準偏差を示します。

$$R_{xy} = \frac{S_{xy}}{S_x S_y} = \frac{1}{n} \sum_{i=1}^{n} (X_i - \bar{X})(Y_i - \bar{Y}) \ / \ S_x S_y$$

$$= \frac{1}{n} \sum_{i=1}^{n} \frac{(X_i - \bar{X})}{S_x} \times \frac{(Y_i - \bar{Y})}{S_y}$$

第6章　確率を基礎から学ぶ

1　事象と確率とはどのようなものか

　サイコロを振ると1、2、3、4、5、6のいずれかの目が出ます。このようにサイコロを振るとか、広告の効果を調べるというように、ある実験や観測を試みることを**試行**（trial）といい、試行の結果として起こる事柄を**事象**（event）といいます。

　サイコロを振るという試行では、1から6の6とおりの事象が起こります。この6とおりの全部の事象を**全事象**または**標本空間**（sample space）といいます。また、試行してもまったく起こらない事象を**空事象**といいます。

（1）サイコロの目の出る確率

　サイコロを振ると1から6のいずれかの目が出るわけですが、このときの目の数の1、2、3、4、5、6を**確率変数**（random variable）といいます。どの目が出るかは6分の1で、これを**確率**（probability）といいます。サイコロの形が正しければ1の目が出る確率は6分の1、2の目が出る確率も6分の1です。出る目と確率の間の対応関係のように、確率変数の分布状態を**確率分布**（probability distribution）といい、この表を確率分布表といいます。分布はヒストグラムであらわすことができます。

サイコロの目の出る確率（確率分布表）

出る目	1	2	3	4	5	6	合計
確　率	1/6	1/6	1/6	1/6	1/6	1/6	1

　また、たとえば、事象Ａと事象Ｂの２つの事象があるとします。このとき、事象Ａまたは事象Ｂのどちらかが起こる確率を**和事象**（sum event）といい、「Ａ∪Ｂ」とあらわします。事象Ａと事象Ｂが同時に起こる確率は**積事象**（product event）といい、「Ａ∩Ｂ」とあらわします。これに対して、事象Ａと事象Ｂが同時に起こることがまったくない場合、ＡとＢは**排反事象**（exclusive event）であるといいます。コインを１回投げたとき、「表が出る」という事象と「裏が出る」という２つの事象がありますが、表と裏が同時に出ることはまったくないので排反事象となります。

（2）確率の性質

　サイコロのそれぞれの目の出る確率は６分の１です。したがって、サイコロを６回振ったときを考えてみましょう。１の目は１回、２の目も１回出るでしょうか。しかし、実際に振ってみると、次のような結果になってしまいました。

1回目：5　　2回目：3　　3回目：2　　4回目：3　　5回目：3　　6回目：5

　３の目が３回も出たのですが、１と４と６の目は１回も出ませんでした。それぞれの目の出る割合は６分の１であるはずですが、10回、20回とサイコロを振ってみても必ずしもそうはなりません。どうしてなのでしょうか。

　ただし、500回、1000回と繰り返すならば、サイコロのそれぞれの目の出る割合は、６分の１に近づいていきます。このように確率の性質は、「無限回数試行するとによって期待される相対頻度」で、「**大数の法則**」といいます。したがって、サイコロを何回も振ることを続け

れば、１の目は６分の１の割合で出ることが予測できるということ
で、１の目の出る確率は６分の１であると表現します。

（３）確率の計算
①　確率の加減算

　サイコロの１の目が出る確率は、６分の１です。このとき、反対に
１の目が出ない確率は、６分の５になります。したがって、Ａが起こ
る確率とＡが起こらない確率には、次の関係が成り立つことになりま
す。

**　　　Ａが起こる確率＋Ａが起こらない確率＝１**

これを「**相補定理**」といい、次のようにあらわすこともできます。

**　　　Ａが起こる確率＝１－Ａが起こらない確率**

　また、サイコロの１の目または偶数の目が出る確率について考えて
みましょう。１の目が出る確率は６分の１で、偶数の目が出る確率は
２分の１ですから、次のように計算できます。

　　　１の目または偶数の目が出る確率＝６分の１＋２分の１

　　　　　　　　　　　＝６分の１＋６分の３＝６分の４＝３分の２

これを「**加法定理**」と呼んでいます。

　ただし、これが「２の目または偶数の目が出る確率」としますと、
２は偶数で、２の目と偶数の目は重なることになりますので、このよ
うな計算は成り立ちません。「１の目または偶数の目が出る確率」と
いうように２つの事象が重ならないことを「排反事象」といいます。
確率の足し算が成り立つのは、事象が「排反事象」だからなのです。

②　確率の乗算

　サイコロを振ったとき、１回目に１の目が出て、２回目に５の目が
出る確率について考えてみましょう。サイコロの１の目が出る確率
も、５の目が出る確率も、ともに６分の１です。そこで、次ページの
ように計算できます。

1回目に1の目、2回目に5の目が出る確率

= 6分の1 × 6分の1 = 36分の1

これを「**乗法定理**」と呼んでいます。

2 期待値、分散、標準偏差を求める

2つのサイコロを同時に振った場合を考えてみましょう。2つのサイコロの目を合計すると、次の表のようになります。

2つのサイコロの目の合計

サイコロ2の出る目　　サイコロ1の出る目	1	2	3	4	5	6	
1	2	3	4	5	6	7	——平均
2	3	4	5	6	7	8	
3	4	5	6	7	8	9	
4	5	6	7	8	9	10	
5	6	7	8	9	10	11	
6	7	8	9	10	11	12	

（1）期待値を求める

上の表からもわかるように、サイコロの目の合計が2になる確率は36分の1、3になる確率は36分の2、4になる確率は36分の3となります。

したがって、出る目の合計（X）の平均を求めると、次のようになります。

$$平均 = 2 \times \frac{1}{36} + 3 \times \frac{2}{36} + 4 \times \frac{3}{36} + 5 \times \frac{4}{36} + 6 \times \frac{5}{36} + 7 \times \frac{6}{36}$$

$$+ 8 \times \frac{5}{36} + 9 \times \frac{4}{36} + 10 \times \frac{3}{36} + 11 \times \frac{2}{36} + 12 \times \frac{1}{36}$$

$$= 7$$

　このとき計算される平均の値は、とくに確率変数Xの**期待値**といいます。すなわち、2つのサイコロを同時に振ったときには、目の和が7になることが期待されるということになります。

　一般に期待値は、前ページの式で計算したように確率変数Xに対する確率を$P_{(x)}$とすると、次の式であらわされます。ただし、nはデータ数です。

期待値＝ $X_1 \times P_{(1)} + X_2 \times P_{(2)} + X_3 \times P_{(3)} + \cdots\cdots + X_n \times P_{(n)}$

（2）分散を求める

　次の式で計算される値を、確率変数Xの**分散**といいます。これによって、確率変数Xが期待値からどれだけずれているかという散らばり具合を求めています。

分散＝ $(X_1 -期待値)^2 \times P_{(1)} + (X_2 -期待値)^2 \times P_{(2)}$
$+ (X_3 -期待値)^2 \times P_{(3)} + \cdots\cdots + (X_n -期待値)^2 \times P_{(n)}$

前述の2つのサイコロの例では、分散は、次のようにして計算できます。

$$分散 = (2-7)^2 \times \frac{1}{36} + (3-7)^2 \times \frac{2}{36} + (4-7)^2 \times \frac{3}{36}$$
$$+ \cdots\cdots + (12-7)^2 \times \frac{1}{36} = \frac{210}{36}$$
$$= 5.833$$

　すでに述べたように、一般に、分散は、個々のデータと平均値との差（偏差）を2乗し、これをすべて合計したものをデータの個数で割ったものです（第2編・第3章参照）。しかし、ここでは確率変数Xの分散を求めるわけですから、個々のデータの平均からの偏差の2乗に、発生する確率を掛けており、データの個数で割ることはしません。

　この場合の分散は、確率変数の散らばり具合をあらわします。分散

の値が小さいということは、確率変数のとる値は期待値のまわりに集まっていることを示します。また、分散の値が大きいことは期待値から遠くにあるものが多いことをあらわし、分散の値が 0 であればすべて平均に集中して散らばりがまったくないことを示します。

（3）標準偏差を求める

　次の式であらわすように、分散の平方根のうち、正の値のものを**標準偏差**といいます。標準偏差も分散と同じように、確率変数の散らばり具合をあらわします。

　　標準偏差＝$\sqrt{\text{分散}}$

　分散では、データを 2 乗していますが、データを 2 乗すると単位も 2 乗されてしまいますので、分散の平方根によって単位をもとのデータにあわせたものが標準偏差です。

　分散の平方根が標準偏差になりますので、前述の 2 つのサイコロの例では、標準偏差は、次のようにして計算できます。

　　　標準偏差 $= \sqrt{5.833} = 2.415$

3 ┃ 正規分布とはどのようなものか

（1）正規分布の図

　2 つのサイコロの目の合計の出る確率について、分布をグラフにしたのが次ページの図です。

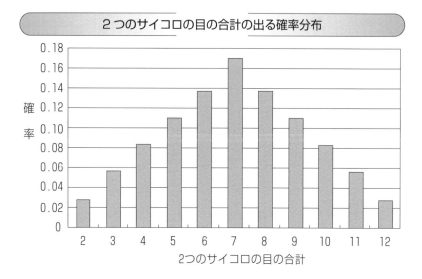

この図のように、左右対称の山の形をした分布形を**正規分布**（normal distribution）といいます。このような分布の形になるのは、身長や体重、知能テストの得点、測定の誤差などが知られています。ドイツの数学者ガウス（Karl Friedrich Gauss）によるところから、**ガウス分布**と呼ばれたり、測定の誤差による分布形なので**誤差分布**などと呼ばれたりすることもあります。

（２）成績評価に応用

現実に起こるさまざまな事象は正規分布で近似されるので、統計では、しばしば使用されています。

たとえば、成績の５段階評価のときに利用される人数の割り振りでは、次ページの図のように、正規分布にしたがう変数において、得点の値を、－1.5、－0.5、+0.5、+1.5という点で５つに分割したパーセントで、7％を成績の１と５、24％を成績の２と４、残り38％を成績の３としています。

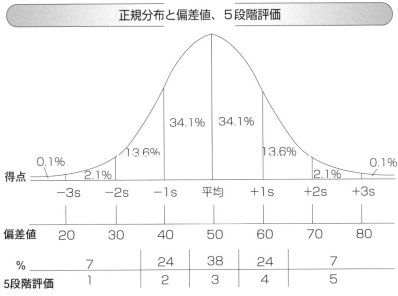

正規分布と偏差値、5段階評価

偏差値	20	30	40	50	60	70	80

%	7		24	38	24	7	
5段階評価	1		2	3	4	5	

(注) s は標準偏差を示す

（3）成績の相対評価に応用

　入学試験などで使用する**偏差値**は、標準偏差を用い、偏差値 50 を中心に得点分布の中心からどのくらい偏っているかを、次の式で求めています。

　　偏差値＝ 10 ×（得点－平均）÷ 標準偏差 ＋ 50

　これによって、難易度と散布度が異なる 2 つの異質なテストの得点でも相対的に比較することが可能になります。

　たとえば、テスト A では、平均が 55 点で標準偏差が 10 のとき、テスト得点が 70 点であれば、偏差値は次のようになります。

　　偏差値 = 10 ×（70 － 55）÷ 10 + 50 = 65

　また、テスト B では、平均が 65 点で標準偏差が 16 のとき、テスト得点が 85 点であれば、偏差値は次のようになります。

　　偏差値 = 10 ×（85 － 65）÷ 16 + 50 = 62.5

	テスト得点	平均点	標準偏差	偏差値
テストA	70	55	10	65
テストB	85	65	16	62.5

2つのテストの偏差値による比較の例

　この2つのテストでは、テストAの70点ほうが、テストBの85点よりも得点は低いのですが、偏差値によって相対的には高い位置にあると判断できます。

研究問題

1．コインを投げたとき、表が出る確率はどれくらいでしょうか。また、この確率から裏の出る確率を計算で求めてみましょう。

2．1から12の目があるサイコロで、次の確率を求めてみましょう。

（1）1の目の出る確率はどれくらいですか。また、1が出ない確率はどれくらいでしょうか。

（2）2の目と奇数の目が出る確率はどれくらいですか。

（3）1回目に1の目、2回目に4の目が出る確率はどれくらいでしょうか。

3．次の事柄について、分布の形が正規分布に近くなることを確認しましょう。

（1）身長や体重の平均と分布を求める。

（2）1人あたりの1か月の支出額について、平均と分布を求める。

参考　数式解説

（1）期待値

　一般に期待値は $E_{(x)}$ などであらわし、確率変数 X に対する確率変数を $P_{(x)}$ とすると、期待値は、次の式であらわされます。

$$E_{(x)} = \sum_{i=1}^{n} X_i P_{(xi)}$$

（2）分散と標準偏差

　次の式で計算される値を、確率変数 X の分散といいます。一般に分散は、$V_{(x)}$ などとあらわします。

$$V_{(x)} = \sum_{i=1}^{n} (X_i - E_{(x)})^2 \, P_{(xi)}$$

　分散は、しばしば σ^2（シグマ2乗）という記号であらわされますが、このとき標準偏差は σ であらわされます。

$$\sigma = \sqrt{V_{(x)}}$$

第6章

第7章　推定とはどのようなものか

1　推定とは何か

　母集団の平均や分散などを知りたい場合、母集団から標本を抽出して集団の状況を推測します。これを**推定**といいます。推定では、無作為抽出した標本から母集団の特徴や性質を推測するため、抜き取り検査や疫学調査の基礎などとして利用されています。

2　推定はどのようなときに使うか

　推定の考え方はどのようなときに使用するのでしょうか。推定を応用する具体的な例は、次のとおりです。

- ・選挙において、投票用紙のほんの一部を開票しただけで候補者の当選確実を宣言したい。
- ・ほんの少人数の身長を測定しただけで地域全体の身長を99%の確からしさで予測したい。
- ・ある商品について一部の顧客の購入動向を調査することで地域全体の需要を95%の確からしさで予測したい。

3　推定の2つの種類

　推定には、1つの統計量で母数を推定する点推定と、母数のうちから信頼度で一定の区間の統計量を決めて推定する区間推定があります。

（1）点推定

　点推定では、母集団の平均を推定するのに、標本平均や標本の数列の中央値（メジアン）、最頻値を用います。

（2）区間推定

　区間推定では、標本から、母数がどのような範囲にあるかを推定します。ここで推定する範囲を信頼区間といいます。信頼区間では、全体の 95％ を信頼区間とする 95％信頼区間や、99％ を信頼区間とする 99％信頼区間などが用いられています。

4 区間推定を行う

　ほんの少人数の身長を測定しただけで日本人全体の平均を 99％ の確率で予測したり、選挙において一部の投票用紙を開票しただけで当選確実を宣言したりするなど、区間推定では、未知の母集団から抽出された標本から、母数がどのような範囲にあるのかを確率的に推定します。推定する範囲が信頼区間であり、信頼度（％）ともいいます。これに対して、信頼区間から除外しておく確率を危険率または有意水準といいます。

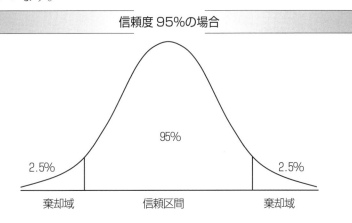

危険率の確率を α とするとき、「信頼度は $100 \times (1 - \alpha)$」です。したがって、信頼度 95％（0.95）とは、「$100 \times (1 - \alpha) = 95$」で、危険率の確率 α は 5％（0.05）となります。この危険率となる領域を**棄却域**といいます。前ページの「信頼度95％の場合」の図では、信頼区間が95％で、棄却域が両脇にありますから、棄却域はそれぞれ2.5％になります。

5　母比率の区間推定を求める

母比率は、母集団における比率をあらわします。この母比率の区間推定を求めるとき、標本数が十分に大きい場合には近似的に正規分布によることが知られています。

そこで、母比率の信頼区間は、標本における比率（標本比率）と標本数から、標準偏差をベースに、次のようにして求めます。

母比率の信頼区間

$$= 標本比率 \pm k \times \sqrt{標本比率 \times (1 - 標本比率) \div 標本数}$$

ただし、この式の k の値は、棄却域の領域を示す値で、信頼度によって、次のようになります。〔→**章末の「コラム・区間推定で使用するkの値」参照**〕

kの値	信頼度が90％のとき 1.62
	信頼度が95％のとき 1.96
	信頼度が99％のとき 2.58

ここでは、次の例をもとに母比率の区間推定を行ってみましょう。

［例］○○市の有権者のうち200人を調査したところ、50人が「A政党を支持する」と回答しました。この市でのA政党の支持率について信頼度（信頼区間）95％で推定します。

標本比率 ＝ 50 ÷ 200 ＝ 0.25

標本数 ＝ 200

標本 200 における 50 の比率 0.25 と標本数 200 から母比率の信頼区間を、次のようにして求めます。k の値は、前ページの表から 95％で 1.96 となります。

$$母比率の信頼区間 = 0.25 \pm 1.96 \times \sqrt{0.25 \times (1 - 0.25) \div 200}$$
$$= 0.25 \pm 1.96 \times \sqrt{0.0009375} = 0.25 \pm 0.06 = 0.19 \sim 0.31$$

母比率の信頼区間の計算から、○○市の A 政党支持率は信頼度95％で 19％から 31％になることが推定されます。

6 母平均の区間推定を求める

母平均は、母集団における平均をあらわします。そこで母平均の区間推定は、母集団の平均を標本の値から幅をもたせて推定しようとするものです。

母集団が正規分布で近似される場合、母平均の信頼区間は、標本の平均値、母集団の標準偏差、標本数から、次のようにして求められます。

$$母平均の信頼区間＝平均値 \pm k \times (標準偏差 \div \sqrt{標本数})$$
（kの値は母比率の区間推定と同じ）

母平均の信頼区間の計算では、まず、母平均の推定値として標本の平均値を用います。次に、標本の平均値の分布の分散の推定値として、母集団の分散（母分散）を標本数で割ったものを使います。したがって、この部分は「分散÷標本数」となり、単位をそろえるので、

$$標本平均の標準偏差＝\sqrt{分散 \div 標本数}＝標準偏差 \div \sqrt{標本数}$$

となります。このようにして求められる標本平均の標準偏差を**標本標準誤差**（standard error）ともいいます。

この式で示す標準偏差は母集団の標準偏差が望ましいのですが、標本数が多い場合、標本から求めた標準偏差を利用してもよいでしょう。

　ここでは、次の例によって母平均の区間推定を行ってみましょう。

[例] 400人の生徒がいる学校で、10人のテスト結果は次のとおりで した。母集団400人の標準偏差が8であるとき、母平均について信頼 度95%で推定します。

| 50 | 85 | 70 | 65 | 60 | 55 | 70 | 90 | 75 | 80 |

$$標本の平均値 = (50+85+70+65+60+55+70+90+75+80) \div 10$$
$$= 70$$

　標本の平均値70、母集団400の標準偏差8、標本数10から母平均の 信頼区間を、次のようにして求めます。kの値は、前の例と同じです。

$$母平均の信頼区間 = 70 \pm 1.96 \times (8 \div \sqrt{10}) = 70 \pm 4.96$$
$$= 65.04 \sim 74.96$$

　母平均の信頼区間の計算から、母平均の信頼区間は信頼度95%で 65.04～74.96になることが推定されます。

研 究 問 題

1. どれだけの家庭で、あるテレビ番組を見ているかという比率（%）を テレビの視聴率といいます。実際の調査では、モニターとなる家庭のテ レビに特殊な装置を取りつけて、視聴しているチャンネルが刻々とわか るようにしています。関東地区の調査対象300世帯で、今60の家庭が ある番組を見ていた場合、ある番組の視聴率について信頼度95%ではど のように推定できるかを求めてみましょう。〔→母比率の区間推定〕

2. 500人の生徒がいる学校で、10人の小遣いは次のとおりでした。母集 団500人の標準偏差が2100であるとき、母平均について信頼度99%で はどのように推定できるかを求めてみましょう。〔→母平均の区間推定〕

| 2,500 | 3,800 | 3,000 | 4,200 | 3,200 | 5,000 | 3,500 | 3,600 | 4,700 | 4,500 |

3. 電機業界に入社した大学卒 50 人の初任給を標本調査した結果は次の
とおりでした。これらの標本から平均と標準偏差を求めて、信頼度 95％
および 99％の信頼区間を推定してみましょう。〔→母平均の区間推定〕

198,000	223,000	186,000	205,000	190,000
226,000	185,000	199,000	202,000	196,000
197,000	206,000	236,000	217,000	210,000
192,000	100,000	208,000	186,000	201,000
220,000	188,000	203,000	199,000	182,000
203,000	194,000	181,000	195,000	187,000
188,000	218,000	217,000	192,000	199,000
182,000	186,000	213,000	223,000	177,000
202,000	204,000	208,000	194,000	217,000
207,000	182,000	180,000	234,000	188,000

コラム 区間推定で使用するkの値

　標本数が少ないときは、分布の形は正規分布より平べったい形（ t
分布という）になります。標本数が大きくなると正規分布に近づいて
いき、標本数が無限大になると正規分布と一致します。信頼区間を計
算するためには、標本数に応じて分布の 95％や 99％などの値を知
るために、次ページのような表が用いられます。区間推定で使ってい
るkの値は、この表の∞（無限大）の値です。なお、この表は、次の
第 8 章のt検定で取り扱う「有意水準 5％と 1％のtの表」と同じも
のです。したがって、たとえば母比率の区間推定で計算したように、
95％の確率で母比率を含んだ範囲を計算するということは、5％の確
率（有意水準）でこの範囲外になることもあるということです。

確率 95% と 99% の「k の値」

（z は確率）

自由度	1	2	3	4	5	6	7	8	9	10
z = 0.05	12.706	4.303	3.182	2.776	2.571	2.447	2.365	2.306	2.262	2.228
z = 0.01	63.657	9.925	5.841	4.604	4.032	3.707	3.499	3.355	3.250	3.169
自由度	11	12	13	14	15	16	17	18	19	20
z = 0.05	2.201	2.179	2.160	2.145	2.131	2.120	2.110	2.101	2.093	2.086
z = 0.01	3.106	3.055	3.012	2.977	2.947	2.921	2.898	2.878	2.861	2.845
自由度	21	22	23	24	25	26	27	28	29	30
z = 0.05	2.080	2.074	2.069	2.064	2.060	2.056	2.052	2.048	2.045	2.042
z = 0.01	2.831	2.819	2.807	2.797	2.787	2.779	2.771	2.763	2.756	2.750
自由度	40	50	60	70	80	90	100	150	1000	∞
z = 0.05	2.021	2.009	2.000	1.994	1.990	1.987	1.984	1.976	1.962	1.960
z = 0.01	2.704	2.678	2.660	2.648	2.639	2.632	2.626	2.609	2.581	2.576

　たとえば、上の表では、自由度∞の確率 95% の k の値は 1.960、確率 99% の k の値は 2.576 となっています。これは、次のような分布（ t 分布）によると k の値が 1.960 より大きく、−1.960 より小さいことが起こる確率が 5% 未満であることを示しています。また、2.576 より大きく、−2.576 より小さいことが起こる確率が 1% 未満であることを示しています。

自由度∞のときの分布

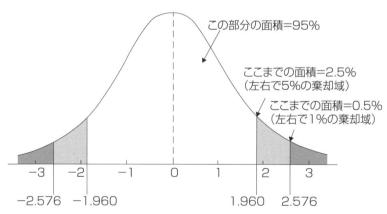

この部分の面積＝95%

ここまでの面積＝2.5%
（左右で5%の棄却域）

ここまでの面積＝0.5%
（左右で1%の棄却域）

−2.576　−1.960　　　　　　　1.960　2.576

第8章　検定とはどのようなものか

1　検定とは何か

標本を抽出して調べるとこれまでと異なる事柄が観察されたような
とき、それが偶然によるものなのか、あるいは何らかの原因によるも
のなのかを判断することが必要となります。この判断を行うことを**検
定**といいます。

2　検定はどのようなときに使うか

一般的な市場調査データの検定では、度数、平均値、比率などによ
る調査結果が統計的に意味をもつかどうかを判断しています。たとえ
ば、男女別などのグループ別に集計をすると、グループ間の比率が
まったく同じになることはごくまれです。しかし、グループ間に必ず
差があると考えるのもおかしなことです。多少の差はまぐれかもしれ
ませんし、意味があるのかもしれません。これを見極める方法が検定
なのです。

3　検定では仮説を立てる

検定は、次ページのようにして行います。

第8章

①**仮説**を立てる。

②仮説が正しいものとして、観察された事柄について検定のための統計量を求める。

③検定のための統計量が大きければ仮説は正しいとする。検定のための統計量が小さければ仮説は正しくなかったとする。仮説が正しくなかったときを**仮説の棄却**という。検定のための統計量の大きさは、一般に 0.05 あるいは 0.01 以下を小さいとする。このような基準値を**有意水準**という。

　仮説は正しくないとして仮説を棄却したとき、この棄却した範囲を**棄却域**（rejection region）といい、それ以外の範囲を**採択域**（acceptance region）といいます。

（1）仮説の立て方

　仮説は**帰無仮説**（null hypothesis：無に帰する意図で設定する仮説で、単に仮説ともいう）と帰無仮説を否定した**対立仮説**の2つを立てます。

　たとえば、2つの方法の優劣を調べる場合には、2つの方法の間に「差がある」ことが望まれる（対立仮説）ので、それと反対の「差がない（同じ）」というように仮説（帰無仮説）を設定します。これは否定されることを期待して設定するもので、それが棄却され受け入れられるのが対立仮説になります。

　このように、次の帰無仮説と対立仮説の2つの仮説のうち、どちらが正しいかを判断しようとするのが検定ですので、**仮説検定**ということもあります。

帰無仮説	グループ間に差がない
対立仮説	グループ間に差がある

（2）仮説を棄却できるかどうかを判断

　帰無仮説が設定されるので、この仮説と計算によって求められた検定のための統計量との差が大きければ仮説を棄却します。この場合を「有意である」といいます。また、反対にあまり差が見られなければ仮説は棄却できません。この場合を「有意でない」といいます。

4　両側検定と片側検定の違い

　計算した検定のための統計量（検定統計量）が臨界値（境界となる値）より極端な値になれば、帰無仮説が棄却されるため、臨界値よりも外側の領域が棄却域といいます。この棄却域の設定の方法には、次の図のように両側に設定する**両側検定**と、どちらかの片方だけに設定する**片側検定**があります。

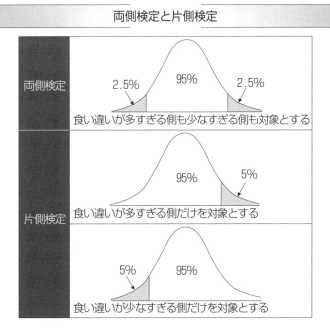

両側検定と片側検定

両側検定　2.5%　95%　2.5%
食い違いが多すぎる側も少なすぎる側も対象とする

片側検定　95%　5%
食い違いが多すぎる側だけを対象とする

5%　95%
食い違いが少なすぎる側だけを対象とする

第8章

　帰無仮説は「違いがない」という仮説なので1つだけですが、対立仮説は次の3つが考えられます。ここに示すように、対立仮説に対応して両側検定または片側検定を行います。

対立仮説の検定方法

①2つの母集団の統計量AとBに違いがある	両側検定
②統計量Aは統計量Bより大きい	片側検定
③統計量Aは統計量Bより小さい	片側検定

5　母比率の検定方法

　標本を抽出して比率を調べると、母集団の比率とは異なる事柄が観察されたようなとき、それが偶然によるものなのか、あるいは何らかの原因によるものなのかを判断することが必要となります。これを検定するのが**母比率の検定**です。母比率の検定は、仮説を立て、母比率、標本比率、予想比率、データ数から、次のように検定統計量を求める計算を行い、検定します。ここでは、検定統計量をZとあらわします。

母比率の検定統計量 Z

$$= (標本比率 - 予想比率) \div \sqrt{母比率 \times (1 - 母比率) \div データ数}$$

　母比率の検定統計量を求める計算式は、第2編・第7章の母比率の区間推定とよく似ています。この式では、標本ではなく母集団のデータから標準偏差を求め、標本比率と予想比率の差をこの値で割ることによって、どの程度乖離(かいり)しているかについて検定を行っています。

　検定では、正規分布表の値と上記の計算で求めたZの値を比較し、Zの値のほうが大きければ、仮説は棄却されます。

　ここでは、次の例をもとに母比率の検定を行ってみましょう。

[例]　○○市でのA政党の支持率は20％でした。ところが、あるA政党支持者が熱心に支持拡大の運動をして調査したところ、有権者240人のうちA政党支持者は60人となりました。A政党支持者の運動には効果があったといえるのでしょうか。有意水準5％で検定します。

① 　仮説の設定

　　仮説（帰無仮説）：A政党支持者の運動には効果がない（今までと
　　　　　　　　　　　変わらない）。

　　　　母比率 = 0.20

　　対立仮説：A政党支持者の運動に効果があれば支持率は上がるので
　　　　　　　次のようになる。

　　　　母比率 > 0.20

② 　検定統計量（Z）の計算

　　検定統計量は、母比率 0.20（20％）、標本比率、予想比率（母比率に同じ）、データ数240から、次のようにして計算します。

　　　　標本比率 = 60 ÷ 240 = 0.25

　　　　母比率の検定統計量 $Z = (0.25 - 0.2) ÷ \sqrt{0.2 × (1 - 0.2) ÷ 240}$
　　　　　　　　　　　　　 $= 0.05 ÷ 0.0258 = 1.94$

③ 　検定する

　　ここでは、「支持率が多くなった」という対立仮説の立て方から片側検定となります。

　　有意水準（α）を0.05とすると、次ページの正規分布表によりZ（α）は1.64であり、Zの絶対値はこれより大きいので仮説は棄却されます。したがってA政党支持者の運動には効果があったことになります。

　　なお、両側検定の場合には、有意水準は0.05の2分の1で0.025の箇所を参照します〔（Z（α）は1.96〕。

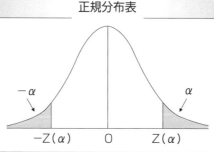

正規分布表

α	$Z(\alpha)$	α	$Z(\alpha)$	α	$Z(\alpha)$	α	$Z(\alpha)$	α	$Z(\alpha)$
0.50	0.00	0.050	1.64	0.030	1.88	0.020	2.05	0.010	2.33
0.45	0.13	0.048	1.66	0.029	1.90	0.019	2.07	0.009	2.37
0.40	0.25	0.046	1.68	0.028	1.91	0.018	2.10	0.008	2.41
0.35	0.39	0.044	1.71	0.027	1.93	0.017	2.12	0.007	2.46
0.30	0.52	0.042	1.73	0.026	1.94	0.016	2.14	0.006	2.51
0.25	0.67	0.040	1.75	0.025	1.96	0.015	2.17	0.005	2.58
0.20	0.84	0.038	1.77	0.024	1.98	0.014	2.20	0.004	2.65
0.15	1.04	0.036	1.08	0.023	2.00	0.013	2.23	0.003	2.75
0.10	1.28	0.034	1.83	0.022	2.10	0.012	2.26	0.002	2.88
0.05	1.64	0.032	1.85	0.021	2.03	0.011	2.29	0.001	3.09

6　母平均の検定方法

　標本を抽出して平均を調べると母集団の平均とは異なる事柄が観察されたようなとき、それが偶然によるものなのか、あるいは何らかの原因によるものなのかを判断することが必要となります。これを検定するのが**母平均の検定**です。母平均の検定は、仮説を立て、予想平均、母平均、母集団または標本の標準偏差、データ数から、次のように検定統計量（Z）を求める計算を行い、検定します。

　母平均の検定統計量 Z

$$= （予想平均－母平均）÷（標準偏差÷\sqrt{データ数}）$$

　母平均の検定統計量を求める計算式は、第２編・第７章の母平均の区間推定とよく似ています。この式では、母集団の分散がわからないので標本平均の分散の推定値として、標本の分散をデータ数で割ったものを使います。したがって、この部分は「分散÷データ数」となり、単位をそろえるので、

$$標本平均の標準偏差＝\sqrt{分散÷データ数}＝標準偏差÷\sqrt{データ数}$$

となります。次に、予想平均と母平均の差をこの標本平均の標準偏差で割ることによって、どの程度乖離（かいり）しているかについて検定を行っています。

　検定では、正規分布表の値と前ページの計算で求めたＺの値を比較し、Ｚの値のほうが大きければ、仮説は棄却されます。対立仮説が２つの平均の違いを検定するので両側検定となるため、有意水準を 0.05 とすると前ページの正規分布表では 0.025 の箇所を参照し、Ｚ（α）は 1.96 となります。

[例] 20○○年の新生児の全国平均体重は 3,020g で、ある産婦人科の新生児 30 人の体重を調べると次のとおりでした。

　　　　平均体重 ＝ 2,930g

　　　　標準偏差 ＝ 290

① 　仮説の設定

　ここでは、ある産婦人科での新生児の平均体重が全国と同じ水準なのか（帰無仮説）、全国とは異なるものなのか（対立仮説）について、仮説を設定します。

　　　　仮説（帰無仮説）：平均体重は 3,020g である。

　　　　対立仮説：平均体重は 3,020g（全国平均）と異なる。

② 　検定統計量（Ｚ）の計算

　検定統計量は、予想平均 2,930、母平均 3,020、標本の標準偏差 290、データ数 30 から、次のようにして計算します。

　　Ｚ＝（2930 － 3020）÷（290 ÷ $\sqrt{30}$）＝ － 90 ÷ 52.9 ＝ － 1.70

③　検定する

　有意水準を 0.05 とすると両側検定で 0.025 の正規分布表の値は 1.96 となります。計算された Z の値は絶対値を見るので、この値は正規分布表の値より小さいことになります。そこで仮説は棄却できません。したがって、ある産婦人科の新生児の平均体重は 3,020g と異なるとはいえないことになります。

研 究 問 題

1．次のグラフは、インターネットを利用したことがある世帯で、インターネットを利用して感じる不安について「ウイルスの感染が心配である」をあげている世帯数です。この調査では、2018 年に 69.6％ から 65.7％ に減少しています。しかし、最近ではインターネットの利用者層も広がったので、150 世帯を抽出して同様の調査を行ったところ、ウイルス感染が心配という世帯は 62.6％ でした。2018 年をもとに不安の世帯が減ったといえるでしょうか。有意水準 5 ％で片側検定を行ってみましょう。〔→**母比率の検定**〕

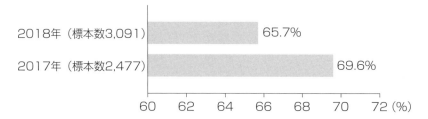

2．第 7 章・研究問題 3 の電機業界に入社した大学卒 50 人の初任給の標本調査に対して、一般企業の大学卒初任給の平均は 195,000 円であるといいます。電機業界は一般企業よりよいといえるのでしょうか、有意水準 5％および 1 ％で検定を行ってみましょう。〔→**母平均の検定**〕

第9章　2つのグループの差を検定する

1　平均値との差を検定するt検定

　2つのグループ間の平均値の差を比較して、グループの平均値が等しいといえるかどうかを、統計的に判断をする検定方法に**t検定**があります。これには、2つのグループの平均値と標準偏差がわかっていることが必要です。

2　t値による有意差

　比較する2つのグループの標本数が異なる場合、2つのグループの平均値の差の検定であるt検定の結果をあらわすものが**t値**で、そのt値が絶対値で大きくなればなるほど「2つのグループ間の平均値に差があるといえそうな」確率が高くなり、有意差があるということになります。

　たとえば、次のような学校での2つのクラスにおける「英語」のテストの平均値を比較してみましょう。t値を求めて検定し、有意差があれば2つのクラスの指導法や生徒の資質などに何らかの問題があって差が生じている可能性があることになります。

① 英語のテストについて、クラス間に有意差はあるか

　2つのクラスの英語の平均値と標準偏差、標本数は、次ページのとおりです。英語のテストにおけるクラス平均値を比較したとき、2つのクラスの間に有意差があるかどうかについて検定を行ってみます。

	平均値（X）	標準偏差（S）	標本数（N）
A（１）組	63.5	1.3	27
B（２）組	62.3	1.4	25

② 仮説を立てる

　最初に「英語の成績に関してA組とB組の間には平均の差はない」という仮説（帰無仮説）を立てます。もし、この仮説が成立しないときは、A組とB組に英語の得意・不得意や指導の差があり、成績に差が生じているということになります。

③ 自由度を求める

　ｔ値の計算で使用するため、各グループの標本数から自由度を求めます。**自由度**は、第４章のカイ２乗検定でも使用したもので、偶然ではなく必然的に差が生じる点である有意点の値です。具体的には、標本の数から１を引いたものです。ここでは標本が２つありますのでそれぞれ１を引くことになり、次のようにして求めます。

　　自由度＝$(N_1-1)+(N_2-1)=(27-1)+(25-1)=50$

④ ｔ値を求める

　ｔ値は、各グループの平均値、標準偏差、標本数および自由度から、両グループをあわせた標準偏差をベースに、次のようにして求めます。

　　ｔ値＝(X_1-X_2)
　　$\div\sqrt{\{S_1{}^2\times(N_1-1)+S_2{}^2\times(N_2-1)\}\div自由度\times(1\div N_1+1\div N_2)}$

　　　　　X_1、X_2…各グループの平均値

　　　　　S_1、S_2…各グループの標準偏差

　　　　　N_1、N_2…各グループの標本数

　上の式に基づいて、各グループの標本数（27と25）から求められた自由度（50）と、各グループの平均値（63.5と62.3）、標準偏差（1.3と1.4）、標本数（27と25）からｔ値を計算すると、次ページの

とおりです。なお、各グループの平均値の差の計算では、絶対値を使用します。

$$t\,値 = (63.5 - 62.3)$$
$$\div\sqrt{\{1.3\times1.3\times(27-1)+1.4\times1.4\times(25-1)\}\div 50 \times(1\div27+1\div25)}$$
$$= 1.2 \div \sqrt{(43.94 + 47.04) \div 50 \times 0.077} = 1.2 \div \sqrt{0.1401}$$
$$= 1.2 \div 0.3743$$
$$= 3.206$$

⑤　t値を検定する

　この例では、 t 値 = 3.206 になります。この値を下記の「t の表」と比べてみます。表では、自由度 50 の有意水準 5%（0.05）の値は 2.009 ですから、 t 値の 3.206 のほうが大きいことになりますので、統計的に有意な差があることになります。

　したがって、仮説は棄却され、 2 つのクラスの英語のテストについてはクラス差があることになり、A組のほうが成績がよいことになります。平均値の差は 1.2 しかないのですが、標準偏差が小さいのでこのような結果になりました。もし、標準偏差がそれぞれ 2 倍になれば、 t 値は 1.604 になり、有意な差は見られなくなります。

有意水準 5% と 1% の「t の表」

（p は有意水準）

自由度	1	2	3	4	5	6	7	8	9	10
p=0.05	12.706	4.303	3.182	2.776	2.571	2.447	2.365	2.306	2.262	2.228
p=0.01	63.657	9.925	5.841	4.604	4.032	3.707	3.499	3.355	3.250	3.169
自由度	11	12	13	14	15	16	17	18	19	20
p=0.05	2.201	2.179	2.160	2.145	2.131	2.120	2.110	2.101	2.093	2.086
p=0.01	3.106	3.055	3.012	2.977	2.947	2.921	2.898	2.878	2.861	2.845
自由度	21	22	23	24	25	26	27	28	29	30
p=0.05	2.080	2.074	2.069	2.064	2.060	2.056	2.052	2.048	2.045	2.042
p=0.01	2.831	2.819	2.807	2.797	2.787	2.779	2.771	2.763	2.756	2.750
自由度	40	50	60	70	80	90	100	150	1000	∞
p=0.05	2.021	2.009	2.000	1.994	1.990	1.987	1.984	1.976	1.962	1.960
p=0.01	2.704	2.678	2.660	2.648	2.639	2.632	2.626	2.609	2.581	2.576

第9章

3 3つ以上のグループの検定

　３つのグループA、B、Cがあった場合、AとB、AとC、BとC
のそれぞれについてt検定を行えばよいように思われますが、統計学
的にはそれはできません。３つ以上の平均値を検定するには分散分析
を使用します。分散分析については第２編の最後にある【Annex】
で取り上げていますので参照してください。

研 究 問 題

　ここでは、①仮説を立て、②自由度とt値を求め、③検定のための分析
をする、という手順で問題を解きましょう。

1．東京都と大阪府の学校（同学年）を対象に数学について同じテストを
　実施しました。テストの結果は次のとおりです。その平均値の差から２
　つの都市で成績の差があるかどうか有意水準５％で検定を行ってみま
　しょう。ただし、t値の計算の中で平均値の差の計算の部分では、値が
　マイナスになるので符号を取って絶対値にすることに注意してくださ
　い。

	平均値（X）	標準偏差（S）	標本数（N）
東京都	51.2	6.3	21
大阪府	54.4	8.1	25

2．次の表は、男女別の1週間の勤務時間です。男女の勤務時間の平均
　値、標準偏差を計算し、平均値を比較したとき有意水準5％で男女の間
　に有意差があるかどうかについて検定を行ってみましょう。

男性	勤務時間	女性	勤務時間
浅田	42	伊藤	38
江田	38	大木	44
狩野	57	木村	28
工藤	48	近藤	56
真田	45	墨田	42
瀬能	56	園田	32
武井	32	地井	22
土田	40	手塚	40
戸田	63		
中野	71		

3．大都市のA市と小都市のB市の男性各50名について1日の摂取カロ
　リーの平均値を調査した結果は次のとおりです。平均値を比較したとき
　有意水準5％で2つの都市の間に有意差があるかどうかについて検定を
　行ってみましょう。

	摂取カロリー平均	標準偏差
A市	2358	136.4
B市	2264	98.5

参　考　Excel

　有意水準5%と1%の「tの表」の値は、ExcelのT.INV関数で求めることができます。

参　考　数式解説

　t値は、次のようにして求めます。Sxはxの標準偏差、Syはyの標準偏差を示します。また、分子の｜と｜は絶対値にする（符号を取る）ことを示します。

$$t = \frac{|\bar{x} - \bar{y}|}{\sqrt{\dfrac{Sx^2(Nx-1) + Sy^2(Ny-1)}{Nx+Ny-2}\left(\dfrac{1}{Nx}+\dfrac{1}{Ny}\right)}}$$

第10章 ソフトウェアで基本統計量を求める

1 データ解析のための主要なソフトウェア

　データ解析のためのソフトウェアは、これまでに数多く開発されてきました。これには、「統計解析用パッケージソフト」などと呼ばれるようなデータ解析専用のソフトウェアと、「表計算ソフト」と呼ばれるような計算業務にも使用できるソフトウェアとがあります。

（1）統計解析用パッケージソフト

　統計解析用パッケージソフトとして広く利用されているソフトウェアに、**SPSS** と **SAS** があります。どちらもデータ解析を行うために豊富な機能が用意されています。

- ・SPSS（statistical package for social science）…1968 年ごろ、アメリカの大学院生によって開発された統計解析パッケージソフトです。マーケティングや売上分析など幅広い分野で使用されています。現在では IBM SPSS Statistics となって販売されています。

- ・SAS（statistical analysis system）…1962 ～ 1964 年ごろ、アメリカの大学院生によって開発された統計解析パッケージソフトです。財務戦略や化学分析などをはじめさまざまな分野で使用されています。現在、日本では、SAS Institute Japan 株式会社によって販売されています。

第10章

（2）表計算ソフト

表計算ソフトは、スプレッドシートとも呼ばれる表形式による計算シート上で、整理可能な情報についてさまざまな処理を行うソフトウェアです。パソコンソフトとしては、ワープロと同じように最もよく使用されています。表計算ソフトとしては、Microsoft 社の Excel が最も広く使用され、次のような豊富な機能をもっています。

① 計算機能

データと計算式によって計算を行うことができます。また、さまざまな関数によって、合計、平均値、標準偏差などの統計に関する計算が可能です。

② 自動再計算機能

データを変更すると、自動的に再計算されます。

③ グラフ作成機能

棒グラフ、帯グラフ、折れ線グラフ、レーダーチャート、散布図など、さまざまなグラフを作成できます。

④ データベース機能

データを並び替えたり、集計したり、検索・抽出したりすることができます。

⑤ マクロ機能

定型的な処理を、自動的に行わせることができます。

表計算ソフトをデータ解析に使用する場合、とくに重要なのは、計算機能によるデータの分析ですが、グラフ作成機能も解析結果をわかりやすい形でレポートするために重要です。

2 パソコンとデータ解析

（1）パソコンによるデータ解析

データ解析では、さまざまな計算処理が必要となります。本書の例

であげたデータは、わかりやすくするためいずれも少量です。しかし、実際のデータ数は、かなり多いのが一般的です。観測データについて、ただ単に合計を求めてそれをデータ数で割るといった単純な計算でも、迅速にしかも正確に行うにはパソコンの力がどうしても必要になります。

　このところパソコンの性能は飛躍的に向上し、価格も安価になりました。データ解析にパソコンを使うことは、今や当然のこととなっています。統計解析パッケージソフトもパソコンに導入できますし、表計算ソフトによるデータ解析も十分な機能をもっています。データ解析に大いにパソコンを活用したいものです。

　パソコンによるデータ解析では、指示にしたがって必要なデータを入力すれば、簡単に実行して結果を得ることができます。しかも、処理結果は、多種多様で自動的に出力されます。パソコンによるデータ解析で出力結果を的確に利用するためには、その意味を十分理解することが必要ですし、不必要な統計指標を出力させないという心がけも大切です。

（2）Excelによるデータ解析

　Excelを使用してデータ解析を行う場合には、計算機能で関数を使用することができます。しかも、Excelには分析ツールが用意されていますので、これを組み込んでおけばさらに便利にデータ解析を行うことができます。ここでは、分析ツールについての基本的な操作について取り上げます。〔**以下は、Excel 2019を用いた場合の一例です。**〕

（3）分析ツールのインストール

　分析ツールは、初期状態ではExcelに組み込まれていません。その場合、次ページのような手順で、分析ツールをExcelの一部の機能として組み込みます。

① ▣（Excelボタン）をクリックして、「オプション」をクリックします。

②「アドイン」をクリックします。

③「アドイン」の一覧で、「分析ツール」を選択し、「設定」をクリックします。

④「有効なアドイン」のうち、「分析ツール」にチェックをして、「OK」をクリックします。

⑤分析ツールが現在のパソコンにインストールされていないというメッセージが表示されたら、「はい」をクリックして分析ツールをインストールします。

⑥分析ツールが組み込まれると、「データ」タブの「分析」で、「データ分析」を利用できるようになります。

3　基本統計量を求める

　第2編・第5章の研究問題で使用した「戸建て住宅戸数と乗用車台数」の表について、表計算ソフトの Excel のデータ分析機能（分析ツール）を使って、基本統計量を求めてみましょう。その手順は次のとおりです。

	A	B	C
1	都道府県	戸建て住宅戸数（千戸）X	乗用車台数（千台）Y
2	北海道	1348	2708
3	宮城	556	1177
4	群馬	606	1294
5	埼玉	1597	3028
6	千葉	1381	2650
7	東京	1803	3115
8	神奈川	1584	2999
9	静岡	996	2101
10	愛知	1510	3893
11	京都	682	978
12	大阪	1598	2687
13	広島	747	1377
14	福岡	1048	2406
15	鹿児島	587	892

①スプレッドシートに「戸建て住宅戸数と乗用車台数」の表を入力します。

②「データ」タブの「分析」で、「データ分析」を選択します。

③「分析ツール」から「基本統計量」を選択して「OK」をクリックします。

④「入力元」の「入力範囲」にセル B1 ～ C15 を指定し、「出力オプション」の「出力先」にチェックをしてセル A19 ～（出力場所の位置を指定するので範囲の終わりは適当でよい）を指定します。「先頭行をラベルに使用する」と「統計情報」をチェックし、さら

に「平均の信頼区間の出力」をチェックして、その右側の数値が「95」%であることを確認したうえで「OK」をクリックします。

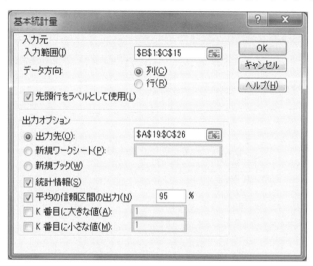

⑤スプレッドシートの指定した出力範囲に、戸建て住宅戸数と乗用車台数の基本統計量が、次のように表示されます。

戸建て住宅戸数（千戸）		乗用車台数（千台）	
平均	1145.928571	平均	2236.071429
標準誤差	119.9474456	標準誤差	251.4578912
中央値（メジアン）	1198	中央値（メジアン）	2528
最頻値（モード）	#N/A	最頻値（モード）	#N/A
標準偏差	448.802246	標準偏差	940.869276
分散	201423.456	分散	885234.9945
尖度	−1.715505188	尖度	−1.131964529
歪度	−0.082938367	歪度	−0.068793129
範囲	1247	範囲	3001
最小	556	最小	892
最大	1803	最大	3893
合計	16043	合計	31305
標本数	14	標本数	14
信頼区間（95.0%）	259.1307015	信頼区間（95.0%）	543.2417455

基本統計量とはどのようなものか

　Excel に組み込まれた「分析ツール」による「データ分析」では、データから基本統計量を出力させることができます。この主な内容は、次のとおりです。

①**平均**：データの合計を標本数で割ったものです。

②**標準誤差**：標準偏差を標本数の平方根で割った値です。この値を用いて母平均の推定や検定を行います。

③**中央値（メジアン）**：データを大小順に並べ替えたとき、その真ん中の順位になる値です。データが偶数の場合は、中央の2つのデータの平均になります。

④**最頻度（モッド）**：データのなかで最も多く存在する数値です。最頻値が2つ以上あるときには、入力した順番が最も早い値（最初の最頻値）になります。最頻値が存在しない場合には、出力先に「#N/ A」と表示されます。

⑤**標準偏差**：ばらつきの程度をあらわします。ばらつきの程度を比較するだけでしたら、分散を用いればよいのですが、もとのデータと同じ単位に戻して扱いたいときは、分散の平方根を取った標準偏差を用います。

⑥**分散**：標準偏差と同じでばらつきの程度をあらわします。分散では計算過程でデータを2乗しているので分散の単位はもとのデータの単位の2乗になります。ここでは、それぞれのデータについて平均を引いて2乗し、それを合計して「データ数－1」で割り、不偏分散を求めています。

⑦**尖度**：「とがり」ともいいます。集団の分布は常に正規分布になるとは限りません。左右対称でなかったり、中央に寄りすぎたり、逆に裾野が広すぎたり、さまざまです。そこで、正規分布を基準とし

たときに、集団の分布が上下左右にどの程度偏っているかを見るための散布度が尖度と次の歪度です。

⑧**歪度**：「ゆがみ」ともいいます。

⑨**範囲**：「最大値 − 最小値」で計算される値です。

⑩**最小**：データの最小値です。

⑪**最大**：データの最大値です。

⑫**合計**：データの合計です。

⑬**標本数**：データの数です。

⑭**信頼区間**：信頼度を指定して信頼区間の値が得られます。この値から母平均の推定を行うことができます。「出力オプション」で「平均の信頼区間の出力」にチェックをしておくと出力されます。

研 究 問 題

次の東京都市部の「人口と商店数」の表について、Excel のデータ分析機能を使って基本統計量を求めて、解説してみましょう。

市名	人口	商店数
三鷹市	185795	816
調布市	223613	1331
小金井市	119126	593
東村山市	153229	797
小平市	186826	966
日野市	179536	746
国分寺市	120413	654
国立市	75329	522
清瀬市	74056	423
西東京市	198687	1139

表計算ソフトの Excel は
大学院生のアイディアがはじまり

　現在、広く使われている Microsoft 社の表計算ソフトである "Excel" は、この分野のデファクトスタンダード（事実上の標準）となって、「データ解析」の分野でも使われています。

　この表計算ソフトの "Excel" は、世界ではじめて開発された "VisiCalc" と呼ばれる表計算ソフトが進化したものです。"VisiCalc" は、1979 年、アメリカの大学院生ブリックリン（Dan Bricklin）によって考案されたもので、それまでホビー用として考えられていたパソコンをビジネスツールとして定着させるきっかけとなったソフトウェアです。

　ブリックリンが大学院の授業に出席していたときのことです。教授が黒板に金融モデルの表を書いていた際、間違いに気づいてパラメータ（媒介変数）の値を修正しようとしたのですが、表のなかの大部分を消して書き直さなければならなくなりました。これを見たブリックリンは、このような計算をコンピュータ上で処理する「電子式表計算」を思いついたのです。

　その後、"VisiCalc" より強力な製品が、さまざまな会社で次々と開発されました。

第
10
章

第11章　回帰分析を行う

1 回帰分析は多変量解析の１つ

　回帰分析は**多変量解析**と呼ばれる統計の１つの分析手法です。多変量解析は、複数の項目（変数）から成り立つデータを統計的に分析します。たとえば、アンケート調査の場合を考えてみましょう。アンケート調査ではふつう複数の質問項目がもうけられていますが、この項目が変数となります。回帰分析は、このような多数の変数からなるデータについて、特定の１変数を他の変数から予測する手法です。

　回帰分析には、２変数からなるデータを対象にする**単回帰分析**と、３変数以上からなるデータを対象とする**重回帰分析**があります。この章では、単回帰分析を取り上げます。〔→章末の「コラム・『回帰』という言葉」参照〕

2 単回帰分析はどのようなときに使うか

　単回帰分析の考え方はどのようなときに使用するのでしょうか。その具体的な例は、次のとおりです。

・ある商品の売上げとテレビ CM の放送回数に相関関係があるとすると、テレビ CM の放送回数が多くなると売上げは増加し、反対に放送回数が少なくなると売上げは減少することになります。この場合、単回帰分析によってテレビ CM の放送回数から売上げを予測することができます。

・毎月の日経平均株価とパソコン販売台数の伸び率の相関関係を単回帰分析することによって、パソコン販売台数を予測したり、日経平均株価を予測したりするというようなことができます。

3 単回帰分析とはどのようなものか

単回帰分析は2変数で構成され、次の表のような2つの項目（2変数）のデータを分析するものです。ここでは、第2編・第10章で使用した「戸建て住宅戸数と乗用車台数」の表を、計算をしやすいように、次のように万単位に直して使用します。

戸建て住宅戸数と乗用車台数の表

都道府県	戸建て住宅戸数 （万戸）X	乗用車台数 （万台）Y
北海道	135	271
宮城	56	118
群馬	61	129
埼玉	160	303
千葉	138	265
東京	180	312
神奈川	158	300
静岡	100	210
愛知	151	389
京都	68	98
大阪	160	269
広島	75	138
福岡	105	241
鹿児島	59	89

（注）単回帰分析を実際に行う場合は、データはもっと多量であることが一般的です。ここでは、データ入力の負担を少なくし、また、わかりやすくするために、データ数を極端に少なくしています。

　前記の表の戸建て住宅戸数と乗用車台数のような2変数の相関は、次のように図で描くことができます。ただし、「戸建て住宅戸数と乗用車台数」の表の場合には、左側の回帰直線になります。

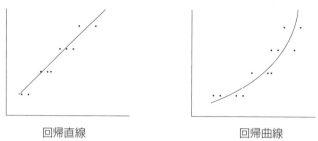

回帰直線　　　　　　　　　　　回帰曲線

　上にある図のように、散布図に示された点列を直線や曲線で近似し、その方程式から変数の関係を調べようとするのが単回帰分析です。上にある左の図のように、直線でデータを近似させるのを**線形の回帰分析**といい、その直線を**回帰直線**といいます。また、上にある右の図のように曲線でデータを近似させるのを**非線形の回帰分析**といい、その曲線を**回帰曲線**といいます。

（1）仮説を立てよう

　ここで、2つの変数の関係について、戸建て住宅戸数が多いと乗用車台数も多くなることが期待されます（対立仮説）ので、帰無仮説は次のようになります。

戸建て住宅戸数と乗用車台数に関する仮説
　戸建て住宅戸数（説明変数）は乗用車台数（目的変数）の予測に役立たない。

（2）線形の回帰分析をあらわす式

　回帰直線や回帰曲線は方程式で表現できます。線形の回帰分析で

は、次のような式であらわします。これは2点を通る直線の方程式（一次関数）で、ここでは**単回帰式**と呼びます。

Y = a X + b

aを回帰係数（回帰直線では傾き）、Xを**説明変数**（または独立変数）、bを切片、Yを**目的変数**（または従属変数）と呼びます。回帰直線について図であらわすと、次のようになります。

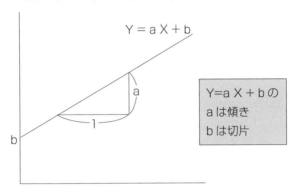

（3）戸建て住宅戸数と乗用車台数の回帰直線

前記の「戸建て住宅戸数と乗用車台数」の表から戸建て住宅戸数をX、乗用車台数をYとして、散布図を描き、回帰直線（近似直線）を引くと、次ページのとおりになります。

なお、表計算ソフトのExcelでは、回帰直線を描くこともできますし、「近似曲線の書式設定」というダイアログボックスから単回帰式を表示させることもできます。

（4）単回帰式を計算で求める

2点を通る直線をあらわす単回帰式は、次ページのようにして計算で求めることもできます。ここでは、直線の傾きであるaと切片のbを求めて「Y = aX + b」の方程式にあてはめます。

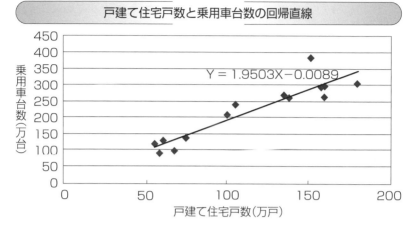

戸建て住宅戸数と乗用車台数の回帰直線

XY の偏差平方和＝ X と Y の積の合計

－（X の合計）×（Y の合計）÷データ数

X の偏差平方和＝ X² の合計－（X の合計）² ÷データ数

a ＝ XY の偏差平方和÷ X の偏差平方和

b ＝ Y の平均値－ a ×（X の平均値）

　XY の偏差平方和は XY の共分散（第2編・第5章参照）、X の偏差平方和はX の分散（第2編・第3章参照）をあらわしています。

　前記の「戸建て住宅戸数と乗用車台数」の表について、次ページの表から X と Y の積、X の2乗および Y の2乗を計算し、これから直線の傾きである a と切片の b を求めて「Y ＝ aX ＋ b」の単回帰式に当てはめると、次のとおりになります。

　　XY の偏差平方和 ＝ 410021 － 1606 × 3132 ÷ 14 ＝ 50735.8571

　　X の偏差平方和 ＝ 210246 － 1606 × 1606 ÷ 14 ＝ 26014.8571

　　a ＝ 50735.8571 ÷ 26014.8571 ＝ 1.95026469

　　b ＝ 223.71429 － 1.95026469 × 114.71429 ＝ － 0.008939

　したがって、戸建て住宅戸数と乗用車台数の単回帰式は、次のようになります。

　　Y＝a X ＋ b ＝ 1.9503 X － 0.0089

都道府県	戸建て住宅戸数 （万戸）X	乗用車台数 （万台）Y	XとYの積	Xの2乗	Yの2乗
北海道	135	271	36585	18225	73441
宮　城	56	118	6608	3136	13924
群　馬	61	129	7869	3721	16641
埼　玉	160	303	48480	25600	91809
千　葉	138	265	36570	19044	70225
東　京	180	312	56160	32400	97344
神奈川	158	300	47400	24964	90000
静　岡	100	210	21000	10000	44100
愛　知	151	389	58739	22801	151321
京　都	68	98	6664	4624	9604
大　阪	160	269	43040	25600	72361
広　島	75	138	10350	5625	19044
福　岡	105	241	25305	11025	58081
鹿児島	59	89	5251	3481	7921
合　　計	1606	3132	410021	210246	815816
平　　均	114.71429	223.71429	—	—	—

（5）相関係数を計算で求める

　XとYの**相関係数**（R）は、次のようにして求めます。XYの偏差平方和、Xの偏差平方和およびYの偏差平方和の求め方は、前述のとおりです。

　　相関係数＝XYの偏差平方和

　　　　　　　　$\div (\sqrt{\text{Xの偏差平方和}} \times \sqrt{\text{Yの偏差平方和}})$

　XYの偏差平方和はXYの共分散、Xの偏差平方和とYの偏差平方和はそれぞれXの分散とYの分散をあらわしており、相関係数（第2編・第5章参照）を求めるために、Xの分散とYの分散の平方根をとって標準偏差にしたうえで使用しています。

　したがって、戸建て住宅戸数と乗用車台数の相関係数は、次ページのようにして計算します。前に計算したXYの偏差平方和50735.8571、

X の偏差平方和 26014.8571 のほか、まだ Y の偏差平方和を計算していませんので、これを計算してから相関係数を計算します。

$$Y\text{ の偏差平方和} = Y^2\text{ の合計} - (Y\text{ の合計})^2 \div \text{データ数}$$
$$= 815816 - 3132 \times 3132 \div 14 = 115142.8571$$
$$\text{相関係数} = 50735.8571 \div \left(\sqrt{26014.8571} \times \sqrt{115142.8571}\right)$$
$$= 50735.8571 \div (161.2912 \times 339.3271) = 0.927$$

相関係数は 1.0 に近いので、この場合、戸建て住宅戸数と乗用車台数の相関は高いことになります。

（6）さらに決定係数を求める

相関係数が計算できたら、これからさらに決定係数（R^2）を求めます。**決定係数**（coefficient of determination）は、R２乗値ともいい、相関係数を２乗した値で、寄与率と呼ばれることもあります。これは、目的変数について説明変数がどれほど説明できるかをあらわしており、観測値から求めた回帰式の当てはまり具合の尺度として利用されています。

$$\text{決定係数}（R^2）= \text{相関係数}(R)^2$$
$$= \text{相関係数}(R) \times \text{相関係数}(R)$$

決定係数が 1.0 に近いほど観測値（計算に用いた実際の値）と予測値（式にあてはめて計算した値）が近いことを意味しています。

戸建て住宅戸数と乗用車台数の相関係数から決定係数を計算すると、次のとおりになります。

$$\text{決定係数} = 0.927 \times 0.927 = 0.859$$

（7）戸建て住宅戸数のデータから乗用車台数を予測することは可能か

戸建て住宅戸数と乗用車台数の決定係数は、0.859 と計算されました。この値は 1.0 に近いので、戸建て住宅戸数と乗用車台数の観測値と予測値が近いことになります。このほか、「戸建て住宅戸数と乗用

車台数」の表を Excel で単回帰分析した結果から、回帰式の予測精度は相関係数や有意 F、t などの値より知ることができます。したがって、戸建て住宅戸数から乗用車台数を予測することは、十分に可能であるということになります。

（8）単回帰式で乗用車台数を予測する

　求められた単回帰式によって、たとえば、長野県の戸建て住宅戸数が 68 万戸のときの乗用車台数を次のようにして予測することができます。単回帰式の X に予測する戸建て住宅戸数を代入します。

　　　$Y = 1.9503 \times 68 - 0.0089 = 132.6115$

　実際の長野県の戸建て住宅戸数は 67.65 万戸、乗用車台数は 130.4131 台です。長野県の戸建て住宅戸数からこの単回帰式で乗用車台数を予測すると、かなり実際に近い台数になりますので、この単回帰式は予測に役立つといえます。

4 | Excel で単回帰分析を行う

（1）Excel による単回帰分析の手順

　前記（231 ページ）の「戸建て住宅戸数と乗用車台数」の表について、Excel のデータ分析機能（分析ツール）を使って、単回帰分析をしてみましょう。その手順は次のとおりです。

①次ページのように、スプレッドシートに「戸建て住宅と乗用車台数」の表データを入力します。
②「データ」タブの「分析」で、「データ分析」を選択します。
③「分析ツール」から「回帰分析」を選択して「OK」をクリックします。

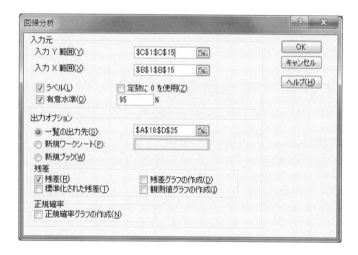

	A	B	C
1	都道府県	戸建て住宅戸数 （万戸）X	乗用車台数 （万台）Y
2	北海道	135	271
3	宮城	56	118
4	群馬	61	129
5	埼玉	160	303
6	千葉	138	265
7	東京	180	312
8	神奈川	158	300
9	静岡	100	210
10	愛知	151	389
11	京都	68	98
12	大阪	160	269
13	広島	75	138
14	福岡	105	241
15	鹿児島	59	89

④上の「回帰分析」のダイアログボックスに、次のように入力します。

　・「入力元」の「入力Ｙ範囲」は目的変数を入力するもので、セル
　　C1〜C15を指定します。

　・「入力Ｘ範囲」は説明変数を入力するもので、セルB1〜B15
　　を指定します。

・入力元に見出し（ラベル）を含めていますので、「ラベル」の項目をチェックし、有意水準も 95％でチェックします。

・「出力オプション」は、「一覧表の出力先」をチェックし、セルA18 ～（出力場所の位置を指定するので範囲の終わりは適当でよい）を指定します。

・「残差」も出力させたいので、これもチェックします。

入力やチェックがすんだら「OK」をクリックします。

概要

	回帰統計
重相関 R	0.927012901—相関係数 R（1.0 に近いほど高い相関がある〔第2編・第5章回参照〕）
重決定 R2	0.859352919—決定係数 R^2（1.0 に近いほど観測値と予測値が近いことを意味する）
補正 R2	0.847632329
標準誤差	36.73611614—残差の標準偏差（残差変動の程度を示す）
観測数	14

分散分析表

	自由度	変動	分散	観測された分散比	有意 F
回帰	1	98948.35039	98948.35	73.31994	1.86E-06
残差	12	16194.50675	1349.542		
合計	13	115142.8571			

回帰の分散／残差の分散（F 値と呼ばれ、一般に4以上ならこの回帰分析には意味がある）

有意確率のことで、仮説「求めた回帰式の説明変数は予測に役立たない」を検定。0.05 より小さければ予測に役立つ。「1.86E − 0.6」の E は指数（exponent）で、12 桁以上の数字のときにこの指数表示になる。この場合は 1.86×10^{-6} を意味し、0.00000186 のことになる。

	係数	標準誤差	t	P −値
切片	−0.008934455	27.91144815	−0.00032	0.99975
戸建て住宅戸数（万戸）X	1.950264684	0.227762655	8.562706	1.86E-06

回帰係数の標準誤差

標本から求めた統計量 t 値（＝回帰係数÷標準誤差）。高いほど目的変数を説明する貢献度が高い（絶対値 t ＞2 が目安）

回帰係数で、
回帰式は Y = 1.950265 ×（戸建て住宅戸数）− 0.00893

下限 95%	上限 95%
−60.8228	60.80489
1.454012	2.446517

｝信頼区間

⑤スプレッドシートの指定した出力範囲に、「戸建て住宅戸数と乗用車台数」の表データの単回帰分析の結果と、観測値に対する予測値との残差が表示されます。単回帰分析を行ったアウトプット例（一部）を示すと、前ページのとおりです。

（2）「戸建て住宅戸数と乗用車台数」の表の単回帰式

　「戸建て住宅戸数と乗用車台数」の表データについて、分散分析表で得られた各値を単回帰式に当てはめると、次のとおりになります。

$$Y = 1.9503\,X - 0.0089$$

　このように算出された単回帰式も、予測精度が低ければ役に立ちません。回帰分析を行ったときには、必ず決定係数（1に近いか）や有意F（0.05より小さいか）などの値から予測精度を確認してください。

（3）単回帰式を使った乗用車台数の予測値

　Excelの回帰分析では、前記の表のほか、観測値と予測値の表もアウトプットされます。この一例は次ページのとおりです。

　この表の予測値は、観測値（戸建て住宅）を単回帰式に当てはめたときの乗用車台数の値です。残差は、観測値と予測値の差ですから、誤差ということもできます。

残差出力

観測値	予測値：乗用車台数（万台）Y	残差
1	263.2767979	7.723202126
2	109.2058878	8.794112156
3	118.9572113	10.04278874
4	312.033415	−9.033414972
5	269.1275919	−4.127591925
6	351.0387087	−39.03870865
7	308.1328856	−8.132885604
8	195.0175339	14.98246606
9	294.4810328	94.51896718
10	132.6090641	−34.60906405
11	312.033415	−43.03341497
12	146.2609168	−8.260916839
13	204.7688574	36.23114264
14	115.0566819	−26.0566819

単回帰式によって
算出した値（予測値）

観測値（乗用車台数）
と予測値との差

都道府県の順番に対応（1：北海道、2：宮城、3：群馬……）

研 究 問 題

1. 第10章・研究問題で作成した東京都市部の「人口と商店数」の表について Excel を使って散布図（回帰直線を入れる）を描き、さらに単回帰分析を行い、単回帰式、相関係数、決定係数を求めてみましょう。また、福生市の人口が56,937人（2020年11月）であるとき、商店数について単回帰式を使って予測してみましょう。

2. 次ページの町別パソコン保有状況の表から、パソコン保有台数と世帯数、および、パソコン保有台数と所得額を散布図であらわし、回帰直線を描いてみましょう。また、世帯数と所得額（億円）から1世帯あたりの所得額を求め、これを X（説明変数）、パソコン保有台数を Y（目的

変数）として散布図を描き、回帰直線および単回帰式を求めます。これらのうち、どの散布図から求めた回帰直線が適切か説明してみましょう。

町　名	パソコン保有台数	世帯数	所得額（億円）
山手町	300	2,200	198
中央町	225	2,000	200
京浜町	160	3,000	240
湘南町	90	1,300	91
根岸町	50	1,500	75
南武町	30	1,000	55

コラム

「回帰」という言葉

　「回帰」という言葉は、イギリスの生物学者ゴールトン（F. Galton：進化論で有名な C. R. Darwin のいとこ）が、遺伝研究のなかで親子データを分析したところから生まれました。

　子どもの背の高さについて、一般に、背の高い子どもは両親のどちらかが背が高く、両親の背が低ければ子どもも背が低くなるというように、子どもの身長や体型は親から遺伝するものと考えられていました。しかし、ゴールトンは、これに疑問をもち、250 組の両親と子どもについて身長を調べました。その結果、両親の身長が平均より高くても低くても、その子どもの身長は平均に近くなり、遺伝の部分は約３分の２で、残り３分の１は、子孫の平均値に後戻りをするということがわかったのです。これをゴールトンは「回帰する」（regress）と表現したところから、この研究で開発された分析方法を「回帰分析」（regression analysis）と呼ぶようになりました。

第 **12** 章　重回帰分析を行う

1　重回帰分析とはどのようなものか

　重回帰分析は、3つ以上の多数の変数からなるデータについて、特定の1変数を他の変数から予測する手法です。関連性を説明したり、将来を予測したりする際には、最も一般的に使われる分析手法です。

2　重回帰分析はどのようなときに使うか

　重回帰分析は、どのようなときに使用するのでしょうか。その具体的な例は、次のとおりです。

- ・商品やサービスの売上げには、立地における人口や年齢層、当該の駅の乗降人数、駅との距離などがどのように影響しているかを知りたい。
- ・個人や世帯が購入する商品やサービスの金額や量と、個人や世帯の特性にどのような関係があるかを知りたい。
- ・顧客満足度と性能やデザイン、価格などとの間にどのような関係があるかを知りたい。また、優先してどの点を改善したらよいかを知りたい。
- ・新製品モニターの評価と、これまで行った製品モニターの評価から、新製品発売後の売上げを予測したい。

3　重回帰分析を行ってみよう

　次の営業所データは、ある会社の６営業所における売上高と広告費および営業担当者数を示したものです。この表について重回帰分析を行ってみましょう。

営業所データ

営業所	売上高 （千万円）	広告費 （百万円）	営業担当 者数（人）
札幌	8	5	6
仙台	9	5	8
大宮	13	7	10
千葉	11	5	11
横浜	14	8	12
名古屋	17	12	13

(注)重回帰分析を実際に行う場合は、データはもっと多量であることが一般的です。ここでは、データ入力の負担を少なくし、また、わかりやすくするために、データ数を極端に少なくしています。

　単回帰分析では、目的変数を１つの説明変数であらわしていました。重回帰分析では、目的変数を複数の説明変数であらわします。ここでは、上記の営業所データのうち、売上高を目的変数 Z として、説明変数を広告費 X、営業担当者数 Y とします。

（1）仮説を立てよう

　ここで、３つの変数の関係について、広告費が多いと売上高は高く、営業担当者数が多いと売上高は高いことが望まれますので（対立仮説）、帰無仮説は次のようになります。

売上高と広告費、営業担当者数に関する仮説
広告費と営業担当者数は売上高の予測に役立たない。

（2）データを入力

スプレッドシートに営業所データの表を入力します。

（3）営業所データの散布図を描く

次に、営業所データのうち、売上高と広告費、および売上高と営業担当者数の散布図を描いてみます。

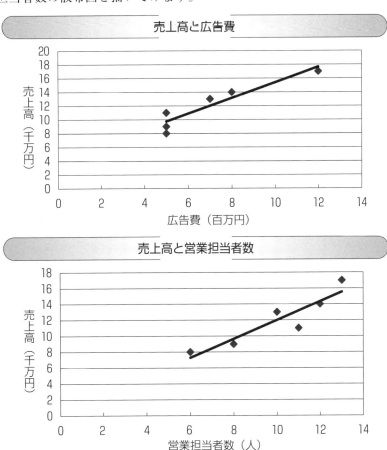

売上高と広告費

売上高と営業担当者数

（4）重回帰式

売上高と広告費との間には、次ページのような2点を通る直線の方

程式が成り立ちます。

$$Z = a\,X + c_1$$

　また、売上高と営業担当者数の間には、次のような２点を通る直線の方程式が成り立ちます。

$$Z = bY + c_2$$

　そこで、この２つの式を１つにまとめると**重回帰式**になります。重回帰式は次のとおりです。

Z＝a X＋bY＋c

　　　　Z…目的変数（予測値＝売上高の予測値）

　　　　a、b…偏回帰係数（単回帰では回帰係数）

　　　　c…定数項（単回帰では切片）

　　　　X、Y…説明変数（Xは広告費、Yは営業担当者数）

4　Excelで重回帰分析を行う

（1）重回帰分析の手順

　次のようにスプレッドシートに入力した「営業所データ」について、Excelのデータ分析機能（分析ツール）を使って、重回帰分析をしてみましょう。その手順は次ページのとおりです。

	A	B	C	D
1	営業所データ			
2 3	営業所	売上高（千万円）	広告費（千万円）	営業担当者数（人）
4	札幌	8	5	6
5	仙台	9	5	8
6	大宮	13	7	10
7	千葉	11	5	11
8	横浜	14	8	12
9	名古屋	17	12	13

① 「データ」タブの「分析」で、「データ分析」を選択します。

② 「分析ツール」から「回帰分析」を選択して「OK」をクリックします。

③ 「回帰分析」のダイアログボックスに、次のように入力します。

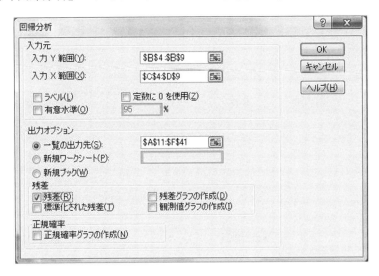

・「入力元」の「入力 Y 範囲」は目的変数を入力するもので、セル B4 〜 B9 を指定します。

・「入力 X 範囲」は説明変数を入力するもので、ここでは重回帰分析ですので説明変数が 2 つで、セル C4 〜 D9 を指定します。

・「出力オプション」は、「一覧表の出力先」をチェックし、セル A11 〜（出力場所の位置を指定するので範囲の終わりは適当でよい）を指定します。

・「残差」も出力させたいので、これもチェックします。

入力やチェックがすんだら「OK」をクリックします。

④ スプレッドシートの指定した出力範囲に、営業所データの重回帰分析の結果と、観測値に対する予測値との残差が表示されます。

回帰統計	
重相関 R	0.988163
重決定 R2	0.976465
補正 R2	0.960776
標準誤差	0.662807
観測数	6

重相関 R 0.988163 —— 1.0に近いので、かなり高い相関がある。
重決定 R2 0.976465 —— 1.0に近いので、観測値と予測値が近い。

分散分析表

	自由度	変動	分散	観測された分散比	有意F
回帰	2	54.68206	27.34103	62.23585	0.00361
残差	3	1.31794	0.439313		
合計	5	56			

4以上なので、この回帰分析には意味がある。
0.05より小さいため仮説は棄却されるので、予測に役立つ。

	係数	標準誤差	t	P-値	下限95%
切片	0.87389	1.178481	0.741539	0.512141	-2.87656
X値1	0.678508	0.162882	4.165648	0.025173	0.160146
X値2	0.637655	0.172197	3.703065	0.034205	0.089649

2より大きいので広告費と営業担当者数は目的
変数の売上高を説明するうえで貢献度が高い。

X値1（広告費）の偏回帰係数は0.678508
X値2（営業担当者数）の偏回帰係数は0.637655
そこで、重回帰式は、Y = 0.678508 ×広告費 + 0.637655 ×営業担当者数
+ 0.87389 となる。

（2）営業所データの重回帰式

営業所データについて、重回帰分析で得られたそれぞれの値を重回帰式に当てはめると、次のとおりになります。

$$Z = 0.678508 \ X + 0.637655 \ Y + 0.87389$$

（3）重回帰式を使った売上高の予測値

　Excel の重回帰分析では、前ページの表のほか、観測値と予測値の表もアウトプットされます。この一例は次のとおりです。

残差出力

観測値	予測値：Z	残差
1	8.092362	−0.09236
2	9.367673	−0.36767
3	12	1
4	11.28064	−0.28064
5	13.95382	0.046181
6	17.30551	−0.30551

　　└観測値と予測値との差額
　└重回帰式によって算出した売上高
└営業所の順番に対応（1：札幌、2：仙台、3：大宮……）

　この表の観測値は、営業所データの営業所の順序に対応した番号で示された売上高です。予測値は、広告費と営業担当者数（説明変数の値）を重回帰式に当てはめたときの値です。

（4）6営業所のデータから売上高を予測することが可能か

　説明変数と目的変数はかなり高い相関があります。また、残差出力の表から見ると、観測値と予測値が近く誤差が少ないことがわかります。したがって、6営業所のデータから売上高を予測することは、十分に可能であるということになります。

（5）重回帰式を使って売上高を予測する

　それでは、ここで広告費 13 百万円、営業担当者数 14 人で、新しく開設する静岡営業所の売上高（Z）を予測してみましょう。
　売上高の予測は、前述の重回帰式に広告費（X）13 百万円と営業担

当者数（Y）14 人を代入します。このときの重回帰式は、次のとおりです。

$$Z = 0.678508 \text{ X} + 0.637655 \text{ Y} + 0.87389$$
$$= 0.678508 \times 13 + 0.637655 \times 14 + 0.87389$$
$$= 8.820604 + 8.92717 + 0.87389 = 18.621664$$

　したがって、新たに開設する静岡営業所の売上高（千万円）は 18.621664 で、1 億 8621 万 6640 円と予測されます。

（6）単回帰分析と重回帰分析の操作の違い

　前述の「（1）重回帰分析の手順」では、重回帰分析について取り上げましたが、単回帰分析と重回帰分析の違いは、単回帰分析では説明変数が 1 つであるのに対して、重回帰分析では説明変数が 2 つ以上あることです。

5　説明変数を選ぶ

（1）目的変数と説明変数との関係

　すべての説明変数と目的変数の相関が高いと、予測値の精度は高くなります。しかし、採用する説明変数が多くなると、本来は説明変数の値が大きくなることによって、目的変数の値も大きくなるのですが、そのような関係が成り立たなくなる場合があります。この場合には、重回帰式そのものの価値がなくなってしまいます。このため、説明変数の選択には注意が必要です。

（2）説明変数の選び方

　説明変数は、目的変数とできるだけ相関の高いものが望ましいといえます。しかし、相関がわからない場合、基本的な説明変数の選び方には、次のような方法があります。

・変数増加法…説明変数を 1 つずつ調べ、有意差があれば採用し、説明変数を増加させます。

・変数減少法…説明変数をすべて含むところからスタートし、有意差がない変数を除外していきます。

　Excel による重回帰分析では、目的変数に相関のありそうな説明変数をすべて選択して計算をスタートさせ、有意差のない変数を除去するようにします。

研 究 問 題

1．次の例は、単回帰分析か重回帰分析のどちらの方法によるかを考えてみましょう。

(1) 身長と体重の 2 つのデータによる分析

(2) 社員の自己評価、上司の評価、営業成績の 3 つのデータによる分析

2．次ページの表は、ある中学校の 3 年生男子 320 人から無作為に 10 人を選んで、ボール投げの距離とその生徒の身長、体重、握力を調べたものです。この表から見ると、身長が高く、体重が重く、握力が大きい生徒は、ボール投げの距離が長くなる傾向であることがうかがえます。このことを統計的に示すため、表計算ソフトの Excel を用いて重回帰分析を行い、ボール投げの距離を身長、体重、握力から推定する重回帰式を作成することにしました。この重回帰式が作成できれば、その式に、ある生徒の身長、体重、握力を代入することによってボール投げの距離を求めることができます。重回帰式で求められた値は、その生徒の体型、体力に見合った潜在的な能力と考えられます。このような潜在能力を明らかにするため重回帰分析を行い、次の設問に答えましょう。

(1) 重回帰式を求めてみましょう。

(2) たった 10 人の生徒から、3 年男子 320 人の潜在能力を測定できるかどうかを検定しましょう。

(3) 川上君は身長 157cm、体重 59kg、握力 31kg です。川上君のボール投げの距離についての潜在能力を調べてみましょう。

氏　名	ボール投 (m)	身　長 (cm)	体　重 (kg)	握　力 (kg)
青　木	25	155	45	39
伊　藤	21	159	40	30
上　野	35	171	56	49
江　田	37	175	65	39
小　野	30	168	61	38
片　山	27	172	49	25
木　村	28	165	62	37
工　藤	36	172	58	50
香　田	33	168	52	44
酒　井	40	180	66	45

3．次ページの表は、県別に産業別就業者数（人）と自動車所有台数（2 人以上の世帯、千世帯あたり）をあらわしたものです。重回帰分析を行い、次の設問に答えましょう。

(1) 重回帰式を求めてみましょう。

(2) たった 12 県のデータから、各県の自動車台数を予測できるかどうかを検定しましょう。

(3) 自動車台数の予測に最も関連のある説明変数は何ですか。

(4) 三重県の産業別就業者数は、第 1 次産業が 33,016 人、第 2 次産業が 278,346 人、第 3 次産業が 536,802 人です。三重県の自動車台数を予測してみましょう。

県名	第1次産業	第2次産業	第3次産業	自動車台数
青森県	81,042	127,978	413,318	1,696
岩手県	76,003	153,479	393,167	1,826
宮城県	53,219	234,210	746,752	1,706
秋田県	49,929	124,501	321,378	1,820
山形県	55,606	164,010	336,562	2,118
福島県	71,428	272,417	560,520	1,915
茨城県	82,873	401,004	863,268	1,916
栃木県	54,746	300,422	582,535	2,002
群馬県	51,801	297,640	585,636	1,986
富山県	18,916	182,225	334,233	1,992
石川県	18,402	159,109	377,337	1,897
福井県	15,641	125,977	253,605	2,042

Annex　そのほかのデータ解析

これまでさまざまな分析手法を扱ってきましたが、データ解析にはさらに多くの手法があります。ここでは、比較的利用頻度が高い解析手法の概要について、いくつか取り上げることにします。

1 分散分析 (analysis of variance)

ある変数の変動が特定の要因によっていることが偶然なのか、偶然以上の確率で起こっているのかを判定する統計的手法が**分散分析**です。イギリスの統計学者である R. A. フィッシャーが農事試験に用いた実験計画のデータ分析に使用したのがはじめです。２つのグループを比較するのは t 検定で行いますが、３つ以上になればこの分散分析を使用します。

たとえば、ある工場では４台の機械で、それぞれ同じ製品を製造しています。しかし、その生産量を比較したところ各機械ごとに平均生産量が異なっている場合には、一応４台の機械の性能に差があるように見えます。しかし、データがばらついているので本当のことがわかりません。このようなときに、機械の性能に差があるのか、あるいは誤差によるバラツキなのかを判断しようとするような分析です。

工学や心理学などのきわめて広い分野で利用されている分析手法です。

2 判別分析 (discriminant analysis)

判別分析は、グループを分ける境界線を見つけるための解析手法で

す。たとえば、次のような調査テーマを分析するために有効な手法の1つです。

- ・アンケート調査を行って、自社ユーザと他社ユーザの違いを分析し、他社ユーザから自社ユーザに引き込むためのヒントを得たい。
- ・新製品の反響が不充分で販売が伸び悩んでいるので、新製品と従来品のユーザの違い知りたい。
- ・AブランドとBブランドのユーザを区別する特性を分析し、販売促進に役立てたい。

　判別分析では、これらの例のように、グループ間の構成の差を調べて、どのようなところに差があるのかを判断するものです。判別分析では、グループ間の境界を重回帰分析のような式であらわします。その式を判別関数といいます。

3 因子分析（factor analysis）

　数多くの調査項目の間にある相互関連性を分析することで、潜在的な要素（因子）を見つけ出し、データに隠された事実を探る統計的手法を**因子分析**といいます。マーケティング分野についていえば、製品の評価や消費者動向、企業イメージなどの分析で利用されています。

（1）因子分析の例

　たとえば、製品の評価では、まずアンケート調査によって、分析の基礎となる「性能が高いほうがよい」とか「デザインを重視する」などの質問項目を設定して多くの情報を収集します。回答は、「そう思う」や「どちらともいえない」「そう思わない」など、3〜5個程度のなかから選択できるようにしておきます。顧客の回答は、質問項目ごとに数値化しておき、全員についての質問項目と回答の数値から相

関関係を分析すると、そこに潜在的に共通する因子として、たとえば「小型化志向」とか「環境重視」といった顧客が一番関心を寄せていることを推定することができます。しかし、発見できる因子の数や内容は、分析者によっても異なるので、その因子からアンケート調査のデータをどのように読み解くかが重要です。

（２）因子分析と多変量解析

　因子分析は、多変量解析の１つです。多変量解析には、因子分析のように多くの変数を整理・分類する方法と、重回帰分析のように各変数間の因果関係を解明する方法に大別できます。整理・分類する方法は、社会や市場の状態を的確に把握したい場合に向く分析手法です。この分析手法には、因子分析のほかにクラスター分析があります。

4 クラスター分析（cluster analysis）

　クラスター分析は、複雑な内容をもった大量のデータのなかから相互間の相関係数や類似性を示す指標を分析して、似通ったものをグループ化していく統計的手法です。クラスターとは、まとまった集団のことをいいます。因子分析の予備として行うこともあります。

5 主成分分析(principal component analysis)

　重回帰分析では、複数の説明変数があり、それらに関連があるときには、解釈が複雑になってしまいます。このような場合、多くの特性をもつ変数のデータを全体的に相関の少ない個数の特性に簡潔にまとめ、新たな総合指標を作り出す手法が主成分分析です。この主成分分析は、1907年ころピアソン（Pearson, K）によって、情報を要約する分析手法として考えられました。たとえば、都市の豊かさの評価で

は、公園の面積、図書館数、公民館数、病院ベッド数、介護施設数、鉄道駅数などをどのように重みづけして総合評価したらよいか、また、企業の評価では、売上高、営業損益、資本金額、負債額、純損益、株価などからどのように評価したらよいかなど、多くの変数の関連を総合的に判断したいときに主成分分析を行います。要約した変数は主成分といい、各主成分の重要度は寄与率として示されます。ここで示された主成分は互いに独立し、他と関連をもちません。

研究問題

　次の例についての分析は、どのような統計的手法をとることが望ましいでしょうか。

(1)　3社の給料の平均値を単純に比較しただけでは、本当に差があるのかどうかがわからない。そこで、それぞれの会社の社員の給料を統計的に分析して比較し、会社間の給料に有意な差があるかどうかを調べたい。

(2)　ライフスタイルについてのアンケート調査を行い、その多数の意見項目を分類し、そこに潜在する要素を統計的な分析によって発見したい。

さくいん

●著者紹介

安藤　明之（あんどう・あきゆき）

東京都生まれ。
東京都立科学技術大学大学院工学研究科博士課程修了。
愛知学泉大学経営学部助教授、英国 Open University Business School 客員
研究員、東京経済大学コミュニケーション学部・大学院コミュニケーション
学研究科教授などを歴任し、現在、東京経済大学名誉教授。

また、ICT 教育にも長年携わっており、高等学校用『情報A』『情報C』『ビ
ジネス情報』など、多数の文部科学省検定済教科書を執筆している。ほかに
も、『最新情報処理概論』（実教出版）、『情報システムとネットワーク』（工
学図書）、『現代情報リテラシー』（同友館・共著）など、多数の著作がある。

初めてでもできる
社会調査・アンケート調査とデータ解析〔第3版〕

2009年 1 月20日	第 1 版第 1 刷発行
2013年 3 月25日	第 2 版第 1 刷発行
2021年 2 月28日	第 3 版第 1 刷発行
2023年 8 月 5 日	第 3 版第 2 刷発行

著　者＝安藤明之
発行所＝株式会社　日本評論社
　　　　〒170-8474　東京都豊島区南大塚3-12-4
　　　　電話　03-3987-8621（販売）-8590（同 FAX）-8611（編集）
　　　　振替　00100-3-16
印　　刷＝精文堂印刷株式会社
製　　本＝株式会社難波製本
装　　幀＝向後武男
© Akiyuki Ando 2021
ISBN978-4-535-58760-1　　　　　　　　　　　　　Printed in Japan